Albert Erlande

EN CAMPAGNE AVEC LA LÉGION ÉTRANGÈRE

PAYOT & Cie
Paris

Troisième mille.

EN CAMPAGNE

AVEC LA LÉGION ÉTRANGÈRE

ALBERT ERLANDE

En Campagne

avec

la Légion Étrangère

PARIS

LIBRAIRIE PAYOT ET Cⁱᵉ

106, BOULEVARD SAINT-GERMAIN, 106

1917

A LA MÉMOIRE

DE

MON PÈRE

ET DU

CHEF DE BATAILLON

MAURICE MULLER

En associant votre nom à celui de mon Père, mon Commandant, j'ai l'impression que ces pages ne sont pas trop indignes de vous !

Dans leur simplicité, elles sont comparables à ces rameaux d'arbres de l'Artois que nous avons déposés sur votre tombe, au cimetière militaire d'Ecoivre où vous dormez entouré et fidèlement gardé par vos Légionnaires.

Et c'est aussi pour vous, mes fils, que j'ai recopié mes carnets de route et mes lettres. En lisant ce que des Volontaires Etrangers ont eu l'honneur impérissable et la gloire d'accomplir pour la France, vous comprendrez mieux vos devoirs envers ce Pays qui, par le sang, devient le vôtre.

EN CAMPAGNE
AVEC
LA LÉGION ÉTRANGÈRE

PREMIÈRE PARTIE

A L'ENTRAINEMENT, EN AVIGNON

CHAPITRE PREMIER

Préface. — Histoire d'un engagement. — Vivre avec les Dieux. — La mobilisation à Marseille. — Les Italiens. — Un gendarme. — Wessman et Poiret, légionnaires.

Réunis en campagne, sous le coup direct des événements, sans aucun souci littéraire, ces récits n'ont d'autre prétention que de pouvoir servir, un jour, à écrire l'histoire des Volontaires étrangers.

Puissent les Légionnaires — et leurs frères des bataillons français — éprouver quelque émotion à la lecture de ces pages. Puissent-elles, aussi, contribuer à leur faire garder, bien vivant dans le cœur, le souvenir des chefs et des camarades qui, le 9 mai et le 16 juin, en Artois, sont tombés à l'assaut, dans la farouche clameur de la charge d'où sortaient les cris de FRANCE ET LÉGION !

*
* *

La guerre déclarée, Richard Grant s'en fut au bureau de recrutement de la Place de Marseille.

— Je suis Anglais, — dit-il à l'officier qui le reçut, — et je désire prendre du service dans l'armée française.

C'est là tout ce qu'il put prononcer du discours qu'il avait préparé pour expliquer sa situation et ses sentiments. Le capitaine, qui avait figure de brave homme et portait un uniforme démodé, considéra Grant :

— Vous êtes étranger ? — lui répondit-il. — Si vous voulez vous engager, vous avez « la Légion »... et l'engagement est de cinq ans.

Devant la mine dépitée du jeune homme, il reprit :

— Mais, puisque vous êtes Anglais, pourquoi ne serviriez-vous pas dans l'armée anglaise ? l'Angleterre va marcher, mon ami ! Elle marchera sûrement !

— Mon Dieu, — expliqua Grant, — mon père était Anglais ; mais ma mère est Française ; je suis né à Marseille ; j'y ai été élevé ; j'ai épousé une Française... et mes enfants sont Français.

Jamais il n'avait autant parlé de sa famille ! Le capitaine demanda :

— Vous avez des enfants ?

— Trois.

— Quel âge avez-vous donc ?

— Trente-sept ans.

— Très bien !... Mais vous n'avez que la Légion... et l'engagement est de cinq ans.

Sa façon d'insister sur ces derniers mots signifiait nettement : « Réfléchissez avant de vous lancer dans une telle aventure ! » Ensuite, il rassembla des papiers disséminés devant lui. Grant comprit qu'il n'y avait pas lieu de prolonger l'entretien. Il remercia l'officier et sortit, répétant en lui-même : « La Légion ! et pour cinq ans ! » — Il avait la mort dans l'âme.

Jusqu'à ce jour, il s'était contenté d'être un artiste, et de vivre, loin de tout trafic humain, « avec les Dieux ! » Brusquement, il s'apercevait qu'il avait des comptes à rendre aux hommes ; qu'il avait, comme le premier passant venu, une femme et des enfants ; qu'il appartenait à une nationalité et relevait d'un ambassadeur ; et que, pour continuer à habiter dans la ville où il était né et qu'il n'avait jamais quittée, il devait, comme l'en priaient de grandes affiches blanches collées contre les murs, aller faire une déclaration d'étranger au commissariat de police de son quartier et obtenir, ainsi, un « permis de séjour » pour lui et les siens.

Jamais l'existence ne lui avait semblé plus maussade et compliquée. Il maudit le coup de tête qui lui avait fait refuser, à sa majorité, la qualité de Français. Il fut sur le point de retourner au recrutement, afin de demander quelles étaient les formalités nécessaires pour signer un engagement de cinq ans à la Légion Étrangère.

Une édition spéciale des journaux annonçait que l'Angleterre déclarait la guerre à l'Allemagne. Grant se ressaisit alors. « Si je ne peux servir en France, j'endosserai l'uniforme kaki », se dit-il.

Cette solution ne le satisfit point. La qualité des liens qui l'attachaient à la France se révélait à lui. Ce fut une sensation physique, violente comme un coup bien frappé. Il murmura : « La France ! » Et, sans qu'il sût pourquoi, des larmes montèrent à ses yeux. Il eut la certitude que rien n'existait plus de ce qui avait été sa vie ; qu'une seule chose importait : la guerre ; que les hommes n'avaient plus qu'une seule raison d'exister : se battre ! Une voix s'éleva en lui qui disait : « La plume aussi est une arme ! Ton arme véritable ! » Mais d'autres voix plus persuasives répondirent : « Non ! » Richard Grant était vigoureux. Il avait gardé, de sa jeunesse sportive, des muscles solides. Quelle belle occasion de les faire travailler ! Un contentement animal l'exaltait. Comme des verres de vin, bus d'un trait et de suite, des pensées fortes et rapides déposaient leur alcool dans sa cervelle. Il marchait vite et droit devant lui, mais comme dans un tourbillon, guidé par une idée fixe : faire son devoir ! Ce mot le fit sourire. Ce n'était point par devoir qu'il agirait, mais par plaisir ! La guerre ! Quelle épopée ! Quel déchaînement de lyrique énergie ! Comme il s'était toujours appliqué à mêler étroitement l'art et la vie, il s'animait en se persuadant que c'était bien aussi pour la défense de Rabelais et de Ronsard, pour le triomphe de la civilisation de l'olivier et de la vigne, que les armées montaient aux frontières.

Des sonneries de clairons interrompirent le déroulement de ses pensées. Il se trouva à l'extrémité de la rue Noailles. Une foule immense et surexcitée se pressait entre les maisons pavoisées. Sur la chaussée, précédé par un orchestre et des drapeaux, s'avançait un cortège : c'étaient des Italiens. Richard les suivit. Ils déposèrent des couronnes et des palmes devant le monument érigé en l'honneur des combattants de 70. Des orateurs prononcèrent des discours. Ces harangues affirmaient que l'Italie, sous peu, se rangerait aux côtés de la France ; elles flétrissaient les politiciens qui, jadis, avaient séparé les deux sœurs latines. Un vieux Garibaldien, veston ouvert sur la chemise rouge, lut une proclamation dans laquelle l'Autriche était appelée « l'ennemie héréditaire » ; les souvenirs de Magenta et de Solférino y étaient évoqués. Le vieillard cloua cette proclamation contre un platane. Deux heures après, des copies en étaient placardées au bas des murs de la ville. Les manifestants chantèrent la *Marseillaise*, la *Marche royale* et l'*Hymne de Garibaldi*. Des cris de : « Vive l'Italie ! » répondirent.

Le peuple s'éloigna, s'arrêta devant un immeuble occupé par une Société de secours aux blessés, et acclama les Dames de la Croix-Rouge. Une soudaine inspiration conduisit Grant dans cet hôtel. Il demanda s'il pourrait y être de quelque utilité. Ses services furent acceptés ; il apprit, en outre, que sa femme appartenait à cette œuvre et qu'elle y était réclamée. On le pria de se mettre immédiatement à l'ouvrage. Il s'agissait de transporter le matériel sanitaire au Lycée de garçons, où s'installait un vaste hôpital. Grant téléphona chez lui qu'il ne rentrerait pas pour le déjeuner, et déménagea des caisses de coton et de pansements, des tables et des chaises.

Au soir, il descendit les allées de Meilhan et la Cannebière. La foule y était plus dense encore que le matin. Il assista au sac d'une brasserie que l'on jugeait allemande, et qui appartenait, en réalité, à un Marseillais mobilisé, mais qui vendait, sous le nom de bière de Munich ou de

Pilsen, l'âpre breuvage des malteries de la région. Des masses d'hommes passaient, brandissant des pancartes où se lisaient : « *Les réformés veulent partir !* » — « *Les exemptés demandent à s'engager !* » — etc... Ils avaient peur de ne pas arriver à temps. La circulation devenait impossible. Devant les transparents des journaux, des groupes commentaient les dernières nouvelles. L'entrée en campagne de l'Angleterre suscitait un enthousiasme et une confiance extraordinaires. Les terrasses des cafés regorgeaient de consommateurs. Tout ce mouvement baignait dans la riche lumière d'or rouge exhalée par le vieux port, qui semblait appuyer les mâts et les vergues de ses navires contre un ciel incandescent et sans nuages.

Richard avait plaisir à respirer dans cette cohue. Cependant, il retourna chez lui fort triste, et raconta à sa femme les incidents de la journée. Certes, il était heureux d'avoir trouvé un emploi, d'être utile ; mais ce n'était point là ce qu'il désirait. Le problème se posa de nouveau : l'armée anglaise, ou cinq ans à la Légion ! En « vivant avec les Dieux », Grant n'avait pas acquis la faculté d'envisager simplement les situations diverses de la vie. Celle que lui offraient, actuellement, les circonstances était des plus simples. Tout autre que lui eût pris le train pour Paris et se serait fait naturaliser. Mais il ne songea pas, un seul instant, à agir de la sorte, parce que l'art de se débrouiller ne comptait pas au nombre des vertus de son intelligence. Donc : l'armée anglaise, ou cinq ans à la Légion, puisqu'il lui était impossible de faire campagne, dans les rangs français, auprès de ses camarades et de ses amis d'enfance.

Les journaux lui apprirent que le nombre des étrangers résolus à prendre du service dans l'armée française était tel, qu'il se fondait, à Paris et en Province, des sociétés chargées d'incorporer ces hommes, pour la durée des hostilités. Il acheta d'autres feuilles pour voir si cette nouvelle était confirmée : elle l'était. Un quotidien illustré publiait même des photos montrant des Suédois, des Danois et des Russes prêts à passer leur conseil de revision. Certain de partir, désormais, Grant se remit, avec courage, à sa besogne de déménageur. Ses fonctions l'amenèrent dans une caserne. Le régiment partait pour le feu. Quand le drapeau, entouré par sa garde, franchit le portail, des femmes s'agenouillèrent. Grant s'entendit murmurer : « Je vais y aller, moi aussi ! » Il avait connu une exaltation semblable, quinze ans auparavant, quand s'imprimait son premier livre.

Les jours que nul n'oubliera se succédèrent. Après l'apothéose de la mobilisation, ce fut, d'abord, le raid en Alsace ; puis l'envahissement de la Belgique ; puis la chute de ses efforts ; puis Charleroi...

Les premiers envois de blessés arrivèrent à l'hôpital. Aucun de ces hommes ne sut donner, par ses récits, une impression de la guerre. Ils n'avaient, d'ailleurs, pris que légèrement contact avec l'ennemi ; avaient été touchés au cours de reconnaissances ou de patrouilles ; la plupart n'avaient jamais vu d'Allemands. Quand on les interrogeait sur une attaque, ils se contentaient d'imiter le sifflement des obus et des balles. La rapidité avec laquelle se cicatrisaient certaines blessures les étonnait ; mais tous affirmaient que, pour eux, la guerre était finie ; qu'avant la Noël, les Allemands seraient écrasés, et que les Russes, déjà maîtres de la Prusse orientale, nous attendraient à Berlin.

Néanmoins, les Huns s'avançaient vers Paris.

Le 22 août, la question des Volontaires étrangers était résolue : ils pouvaient s'engager pour la durée de la guerre. Grant retourna au bureau de recrutement. Le capitaine le reconnut.

— Vous êtes content ? — lui dit-il.

— Très, mon capitaine.

Il donna son état civil. Un auxiliaire lui tendit une fiche qui l'autorisait à passer devant un conseil de revision, et, souriant :

— Cela ne vous engage à rien, — fit-il.

Une heure après, Grant se présentait à la visite.
Il se dévêtit dans une vaste salle et jeta, un peu
vivement, son veston sur une table. Sa montre
et son porte-cigarettes en acier bruni rendirent
un bruit sourd et métallique. Le gendarme qui,
les bras croisés, surveillait les recrues, s'élança
vers Richard :

— Vous ! — s'écria-t-il, — vous avez un revolver. Montrez-le-moi !

Grant, amusé par la perfection classique du personnage, lui offrit son veston. Le gendarme n'y
trouva que la montre et l'étui.

— Heureusement que vous n'avez pas de revolver ! Sans cela vous n'y coupiez pas !

Sans répondre, Grant pénétra dans la chambre
du Conseil. Devant des majors et des officiers
défilaient des individus de nationalités diverses.
Richard fut déclaré « bon pour le service. » On
lui remit une feuille qui l'envoyait à la Place
ou au fort Saint-Jean, il ne comprit pas au
juste.

Pendant qu'il se rhabillait, le gendarme s'a-
vança, derechef, vers lui, et, avec une grimace
de la moustache et du nez :

— N'auriez-vous pas, par hasard, un revolver
dans votre pantalon ?

— Je ne vois pas, — répliqua Grant en belle
humeur, — pourquoi vous tenez absolument à ce
que j'aie un revolver sur moi. Voici mon pantalon.

Le gendarme le fouilla consciencieusement, mais sans profit. — C'est bien, — dit-il.

Son examen terminé, il se tourna vers un Japonais qui lui demandait, en anglais, où siégeait le conseil. Le gendarme expliqua, par gestes, qu'il ne comprenait pas. Richard lui vint en aide.

— Ah ! vous parlez le chinois ?

— C'est de l'anglais, — répliqua Grant.

— Ah ! vous parlez l'anglais ?

— Je suis Anglais.

— Ah ! vous êtes Anglais ! — s'écria le gendarme. — Diable ! Il fallait le dire !

Le sens de cette exclamation demeura obscur pour Grant. Dans le système du monde élaboré par ce gendarme, les sujets britanniques étaient, peut-être, des gens autorisés à avoir, en dépit des lois, des revolvers sur eux.

A la Place, Grant reçut un bon de transport pour Avignon. Il lui fut déclaré, une fois encore, que cela « ne l'engageait à rien », car son engagement définitif n'était pas encore signé. Il accomplit cette formalité le lendemain même, au fort Saint-Jean. Un sous-officier le pria de prendre connaissance de ses obligations. Il lut qu'il contractait, à la Légion Etrangère, un engagement pour la durée de la guerre, et qu'il devrait aller partout où le commandement l'exigerait. Il déclara n'avoir rien à objecter. Un planton le conduisit, alors, chez le colonel qui l'interrogea avec une grande cordialité sur ses occupations, sa famille, puis :

— Voulez-vous signer, Monsieur ?

Grant signa.

— Jurez de servir avec honneur et fidélité.

Grant jura. Le colonel se leva, et lui serrant la main :

— Bonne chance, mon ami.

Sur ces entrefaites, deux bataillons de Légion débarquent à Marseille.

A la terrasse d'un bar du cours Saint-Louis, deux légionnaires sont attablés. Grant s'approche :

— Vous êtes de la Légion ?

— Oui, — répond l'un d'eux, froidement.

— Vous n'avez pas chez vous le capitaine Bernard ?

Du regard, ils se consultent :

— Connaissons pas.

Richard a inventé ce nom comme prétexte pour entamer une conservation. Il s'assied :

— Que prenez-vous ?

Et comme les lascars le considèrent avec surprise et méfiance, il ajoute :

— Vous pouvez accepter. Je suis des vôtres. J'ai signé un engagement pour la durée de la guerre, à la Légion. Je rejoins dans quelques jours.

— Ben, mon vieux ! — s'écrie le plus jeune, figure maigre et rouge, courtes moustaches blondes, yeux bleus. — Ben, mon vieux en v'la une idée !

Et s'adressant à son camarade :

— Quoi que tu prends, Wessman ? C'est un futur pote qui offre !

Wessman caresse sa barbe rougeâtre :

— Un vermouth-citron. Et toi, Poiret ?

— Moi itou !

Une fois servis :

— A votre équipement, — commence Poiret, — je devine que tu dois être un fils de famille qui aura fait des frasques !

Richard certifie qu'il n'en est rien, et parle des Volontaires étrangers.

Wessman murmure :

— Et nous, les vieux, on va les encadrer, ces petits mecs !

— Penses-tu ? — ricane Poiret, — on doit nous réserver un morceau de choix, à nous autres, t'sais ! — Et se tournant vers Grant : — En tout cas, tu t'embêteras pas à la Légion. C'est un tonnerre de Dieu de régiment, t'sais !

Grant demande ce qui différencie les légion- naires des fantassins.

— La ceinture bleue autour de la taille... c'est coquet, — répond Poiret en cambrant ses reins, — la grenade sur le képi, et les écussons verts.

— Puis, — ajoute Wessman, — il y a aussi le genre de boulot... marche ou crève !

— Et les officiers ! — complète Poiret. — Des officiers bath, t'sais... et qui sont un peu là...

Il n'est plus besoin de les interroger. Pendant une heure, ils vantent leur régiment, leurs chefs, leur installation de Bel-Abbès et de Saïda, leur musique et leur cuisine ; ils racontent leurs campagnes, leurs exploits et leurs bordées ; ils évoquent les individus curieux qu'ils ont rencontrés : un évêque, un grand-duc russe :

— Et pour un chic copain, t'sais, c'en était un, celui-là ! Pas fier... et du pognon ! Quand il a clapsé, un cuirassé est venu prendre le corps... et quand le cercueil, un bath de cercueil en chêne, est arrivé à bord, balancé au bout d'un palan, il y a eu du canon... une salve !

Entre deux anecdotes, Grant va acheter des cigarettes et des demi-londrès. Poiret s'écrie :

— Comme au temps du grand-duc, quoi !

Et Wessman déclare :

— Les londrès sont de bons petits cigares. Ce sont les plus réguliers. — Il compare alors les Upman aux Henry Clay ; les tabacs turcs aux tabacs égyptiens. Ses remarques dénotent un connaisseur. Grant l'en félicite. Poiret hausse les épaules :

— Peuh ! nous autres, on fume de tout... on boit de tout, on **mange de tout** !

Et les verres de vermouth succèdent aux verres de vermouth, les histoires aux histoires. Les dernières tendent toutes à prouver que la *Légion* est le premier régiment de France.

Un groupe de territoriaux passe devant la terrasse du bar. Poiret les interpelle :

— Hé ! là-bas, vous autres, si c'est pas indiscret, de quelle classe que vous êtes ?

— 96.

— De 38 à 40, comme nous, — dit Wesman.

Mais Poiret sort de sa poche un petit miroir rond, s'y examine complaisamment, puis :

— De même âge... mais on est plus girond ! On est ferme, on est sec... l'œil est bon ! Eux, ils ont le dos triste...

Wessman allume un second cigare et, la bouche déformée par une moue dédaigneuse, décrète :

— Que veux-tu ? ils doivent déjà penser à leur famille !

Deux jours après, Grant partait pour Avignon avec, dans sa musette, un rasoir, une brosse à dents, deux chemises et deux paires de chaussettes. Il avait, en outre, autour de la taille, sur la peau, cousus dans une ceinture de toile, six louis d'or, pour rentrer en Allemagne, ou pour corrompre une sentinelle prusienne.

Sa femme et ses enfants l'accompagnèrent à la gare. Il les embrassa sans aucune émotion. Jamais, même aux moments de ses inspirations les plus heureuses, il ne s'était senti une âme aussi riche.

A cinq heures de l'après-midi, il arrivait à destination. Sur le quai il demanda à un factionnaire où se trouvait la caserne de la *Légion*. Il lui fut répondu :

— Au château des Papes !

CHAPITRE II

Les Volontaires. — Première journée à la caserne. —
Le caporal Saigne. — Quelques types. — Le sergent
Lucca. — La soupe. — Le moine du Liban. — Un
intellectuel. — Les cadres. — Le père Charles. —
Un philosophe.

Au centre de l'esplanade qui termine le perron, les grilles rouillées du château des Papes s'é-
cartent ; et, descendant les marches du double escalier qui aboutit sur la place, une foule bruyante
apparaît : ce sont les Volontaires étrangers.

Grant s'approche afin de les examiner. On dirait la sortie d'une usine. Aucun uniforme, dans
cette cohue composée de plusieurs centaines d'individus. Tous sont en civil. Et quels vêtements
que les leurs ! Ces hommes sont là depuis dix
jours, et, comme ils s'attendaient à être immédiatement équipés, ils ont endossé, en quittant leur
foyer, de vieilles défroques rendues minables par
une semaine de corvées et de marche, le long
des routes de Provence. On voit là, soit fermés
par des épingles de sûreté, soit ouverts sur des
chemises grises ou des tricots noirs, des vestons
percés au coude ; des pieds nus dans des espa-
drilles ; des genoux qui pointent par les déchi-

rures des pantalons étriqués. Des complets cor-
rects, des visages rasés, des cols propres et des
chaussures cirées se montrent aussi, en assez
grand nombre. On peut même remarquer un
jeune homme vêtu avec une certaine recherche
et qui, à peine hors de la caserne, se gante et
orne son œil d'un monocle.

Grant se dirige vers le poste de garde. A ce
moment, s'avance un groupe composé de cinq
colosses aux jambes longues, aux larges épaules,
aux tailles minces. Deux d'entre eux portent une
blouse grise serrée par une ceinture de cuir; leur
culotte de velours marron s'enfonce dans des
bottes jaunes ; ils sont tête nue, et leurs cheveux
noirs rejetés en arrière recouvrent leur nuque.

— De quelle nationalité sont-ils ? — demande
Grant au chef de poste.

— Des Russes, mes compatriotes.

— Et ces deux aux longs cheveux ?

— Deux peintres : des Cosaques !

— Y a-t-il beaucoup de Russes ici ?

— Neuf cents.

Une voix commande :

— Hé ! Martinoff !

— Présent ! — répond l'interlocuteur de Grant.

Il entre dans le poste ; en ressort peu après.
Sur ses conseils, Richard s'en fut au bureau. Tout
en se livrant aux formalités d'incorporation, le
capitaine-major lui dit :

— Si vous voulez voir de vilains moineaux, regardez par la fenêtre.

Richard obéit, et aperçoit dans une cour entourée par de hautes murailles des prisonniers allemands.

— Il y en a cent vingt, ce sont des Bavarois.

Un planton conduisit, ensuite, Grant au local affecté à sa compagnie. C'était une vaste chapelle gothique éclairée par d'immenses verrières dont manquaient les deux tiers des carreaux. Au bas des murs blancs, étaient éparpillées des bottes de paille ; et, sur cette litière, des couvertures symétriquement allongées marquaient la place de chaque homme. Suspendus à des clous, des musettes et des bidons ; et maintenues par des chevilles fixées entre les pierres, des planchettes faisaient office d'étagères.

— 3e compagnie ! 4e escouade !

Un jeune homme, la face recouverte de mousse de savon fit signe à Grant d'approcher :

— Un moment, — dit-il. Et, indiquant un coin libre, sur la paille : — Voilà votre lit. Mais si votre musette renferme des objets précieux, ne la laissez pas traîner. C'est un peu mélangé ici, comme monde, pour l'instant ! — Et tandis qu'il repassait son rasoir : — Prenez mon carnet, inscrivez votre nom, prénom, âge, nationalité et métier... Merci ! L'appel est à 8 1/2.

Un bâillement formidable s'éleva, et, répercuté

par les voûtes, se termina par cette constatation philosophique lentement modulée :

— La vie n'est pas le rêve !

Dans la chapelle se trouvaient quelques hommes. Les uns, torse nu, rapiéçaient leur chemise ; d'autres, harassés par une marche, dormaient déjà.

Richard se mit en quête d'une chambre en ville. Il en découvrit une, rue Favard, à 500 mètres de la caserne. Son hôte était un ancien chanteur d'opérettes ; il vivait avec ses deux sœurs qui exerçaient le métier de repasseuses, et vendaient des articles de pêche. Grant leur confia son or et ses papiers. M. Bonsergent l'invita à dîner : lièvre de Crau en civet, dorade grillée et vin du pays. On était au 1ᵉʳ Septembre. Au dessert, les demoiselles Bonsergent s'écrièrent :

— Et cette guerre ? Non... elle n'est pas encore finie !

A 8 1/2, la fanfare du génie et la clique d'un régiment d'infanterie, groupées devant la Mairie, sonnèrent la retraite. Richard chantonna :

> Et c'est l'heure
> De rentrer au quartier pour l'appel !

La nuit était noire ; l'obscurité de la cour, très grande ; celle de l'escalier, impressionnante ! Pour parvenir à la chapelle, on comptait 80 marches ; et, sur ces marches, des hommes se heurtaient, s'injuriaient, glissaient sur des écorces d'oranges et de melons, tombaient en sacrant. Tous, en pénétrant dans la chapelle, hurlaient. Les voix tonnaient terriblement sous les voûtes de la nef. Les multiples échos amusaient les hommes redevenus enfants. De distance en distance, des bougies, brûlant sur des planchettes, éclairaient des groupes accroupis. Des ombres fantastiques se mouvaient le long des murs. Grant reconnut en son voisin le jeune homme au monocle : un Italien nommé di Giorgio, employé dans une banque de Paris. Dominant l'indescriptible vacarme, une voix commanda :

— Silence ! là-dedans ! — Et aux ombres qui bougeaient contre une des murailles s'ajouta une autre ombre très haute, rendue comique par la déformation de la visière d'un képi, par celle d'un long nez, d'une barbe pointue et d'une capote très serrée à la taille. La même voix cria :

— Chefs d'escouades ! A l'appel !

Malgré le tintamarre, on distingua la réponse : « Manque personne ! » Et l'ombre du légionnaire disparut par une petite porte creusée dans l'épaisseur du mur.

Des disputes s'élevèrent à propos de couvertures volées, d'assiettes cassées, de paille subtilisée. L'extinction des feux sonna.

— Soufflez les camoufles ! — Les bougies s'éteignirent, une à une. Quelques hommes hurlèrent encore, pendant quelques instants. Puis un seul chanta qui, bientôt, se tut. Richard, qui ne possédait pas de couverture, s'étendit sur la paille. La couche en était mince. Le froid des dalles le saisit ; l'air qui s'engouffrait par les vitraux le glaça. Les ronflements le tinrent, jusqu'à l'aube, les yeux ouverts. Comme il s'endormait, le clairon le réveilla. Il en éprouva une telle surprise, un tel choc, qu'il fut long avant de se rendre compte de ce qui avait pu lui arriver.

— Debout ! Eh ! là-dedans !

C'était le caporal Saigne, surgissant de son réduit qu'il appelait son antre, car il se comparait au « Lion d'Afrique. » Quelle apparition ! Un gaillard de 35 ans, sec comme une souche ; taille serrée à l'excès par la ceinture bleue ; long cou agrémenté d'une pomme d'Adam ; barbe brune taillée de telle sorte que ses pointes exagérément écartées formaient des parallèles avec les moustaches cirées ; regard clair ; teint de brique et voix formidable :

— Debout ! là-dedans ! — Comme personne ne remuait, il prit son fusil ; frappa le sol avec la crosse, manœuvra plusieurs fois la culasse, replaça son arme et arpenta la chapelle en criant :

— Au jus, nom de Dieu ! C'est malheureux de voir ça !

Les hommes de corvée allèrent au jus, cependant que l'immense chapelle était balayée... avec un seul balai qui circulait d'escouade en escouade.

— Les lits ! Les paquetages ! Les couvertures !

Pour boire son café, le caporal Saigne s'arrêta près de Grant et, le dévisageant :

— Pas besoin d'être sorcier, hein ? pour deviner que tu n'as pas dû bien dormir là-dessus, toi ! — Il éclata d'un grand rire franc, et accepta la cigarette que lui offrait Richard. De tous côtés, des appels : « — Caporal Saigne ! — Caporal Saigne ! » — Il eut une réponse énergique, croisa ses bras sur sa poitrine, et examina ces « bleus qui ne savaient pas se dém... débrouiller sans lui », avec une extrême pitié. Seul gradé pour une chambrée de plus de 300 hommes, il ne savait où donner de la tête. A son ordre, les chefs d'escouades dressèrent la liste des malades.

— Toute la 8e, je parie ! Si c'est pas malheureux de voir ça !

Des types étonnants composaient cette escouade. Ils portaient des noms belges, mais possédaient de magnifiques accents marseillais et parisiens. Un légionnaire qui, après avoir « tiré » ses cinq ans, avait repris du service pour la durée de la guerre était leur chef. Depuis douze jours qu'ils étaient au corps, il avait été impossible de leur faire exécuter quoi que ce fut. Toujours malades, et toujours « reconnus », ils passaient leur temps à jouer aux cartes, et, peut-être même, à alléger les musettes de leurs voisins, du superflu qu'elles pouvaient contenir. Et ce matin-là, il en fut comme de coutume : toute la 8ᵉ se déclara malade.

Entre temps, un garçon d'aspect correct aborde Grant.

— Je suis l'opérateur du comptoir franco-belge... et j'ai photographié, bien souvent, vos enfants, Monsieur.

— Ah ! vous êtes Belge ?

— Non, Autrichien ! — Et, après un silence : — Nous sommes une vingtaine d'Autrichiens, ici. On nous envoie au Maroc.

Le caporal Saigne hurle :

— Tout le monde en bas ! Vivement ! Et en ordre ! A-t-on jamais vu un b.... pareil !

Les compagnies sont dirigées vers le terrain d'exercice, sur les bords du Rhône, et là, divisées, au petit bonheur, en sections. Comme les gradés de la Légion n'étaient pas en nombre suffisant, on leur avait adjoint des sous-officiers de réserve, des territoriaux dont aucun n'était plus au courant des nouveaux règlements. Le savoir du caporal Saigne excite leur admiration et celle des hommes.

Un sergent légionnaire commandait la section de Grant : c'était un petit Corse blond, très fier de sa médaille militaire gagnée à 20 ans, au Maroc. Grant manœuvrait pour la première fois. Aussi, exécuta-t-il un « en ligne face à gauche » avec une maladresse qui lui valut une menace de conseil de guerre et, en manière de conclusion : « le poteau avec douze balles dans la peau ! » A la pause, Grant s'excusa :

— Je suis arrivé hier au soir...

— Il fallait le dire, — interrompit le sergent, — et ne pas te laisser engueuler ! A la Légion, quand on a quelque chose à dire, on le dit... un point c'est tout ! — Puis, il ajouta : — Je suis bon garçon, mais il ne faut pas se moquer de moi ! Je suis Corse, et je m'appelle Lucca. Il ne faut pas l'oublier !

— Ah ! vous êtes Corse, sergent?

— Et après ? Ça te vexe ?

— Bien au contraire. Un de mes parents est Corse.

— Et comment il s'appelle, ton parent ?

— Fabriani.

— Le député ?

— Lui-même !

Et le sergent Lucca examina Grant des pieds à la tête ; puis frisant sa courte moustache :

— Mais alors, — fit-il émerveillé, — mais alors, tu n'es pas un Jean-foutre !

Le coup de sifflet annonça la fin de la pause. De ce jour, le petit sergent Lucca appela Richard son cher compatriote.

A l'heure de la soupe, le château des Papes présentait un extraordinaire spectacle. Dans la cour entourée par les hauts édifices dont toutes les salles regorgeaient d'hommes, s'était installée une cantine où se débitaient du vin rouge et du vin blanc, des fromages et de la charcuterie ; plus loin, se dressaient des étalages de fruitiers : melons, pastèques, grenades et raisins formaient de belles taches de couleur sur les pierres blanches. Les escouades mangeaient séparément. Chacune avait sa salle à manger : des fragments de colonnes, des chapiteaux, des blocs de marbre servaient de tables et de chaises.

Quelle foule pittoresque ! Voici des Russes ; quelques-uns ont encore leur costume national et leurs cheveux longs ; certains offrent d'épais visages asiatiques ; d'autres, de délicates figures aux yeux caressants et gris. A côté des Grecs montagnards, coiffés de bonnets rouges à flot noir, chaussés de souliers à pompons, vêtus de la veste brodée et de la fustanelle, voici des ouvriers italiens ; des étudiants roumains ; des Polonais ; des Espagnols silencieux qui se tiennent à l'écart et dévorent des poivrons crus ; voici des Scandinaves (Danois, Suédois, Hollandais) blonds et roses ; voici quelques Arméniens timides ; des Serbes et deux Bulgares ; des Suisses ; puis voici un moine du Liban. Un véritable moine du Liban à la barbe noire, opulente et calamistrée, aux yeux d'une désespérante tristesse ! Il a quitté son monastère et ses études pour suivre les armées françaises en qualité d'aumônier. Soit qu'il n'ait pas su s'expliquer, soit que l'on n'ait tenu aucun compte de ses réclamations, il est, pour l'instant, légionnaire de deuxième classe dans une compagnie. Mais il est sous la protection du caporal Saigne qui lui offre, chaque soir, une place dans son antre. Et là, le moine se dépouille de son costume militaire, — il est le seul à en posséder un, — il endosse sa soutane, et récite ses offices.

Au milieu des groupes, furieux et amusés, se démènent les caporaux venus d'Afrique, en uniforme ceux-là, et quelle allure ! Aucun d'eux n'oserait, cependant, rivaliser avec leur camarade Saigne qui, debout sur des graviers amoncelés, le képi sur le crâne, l'œil allumé par les quarts de vin que ses « bleus » se font un honneur de lui offrir, le poil en éventail et les mains sur les hanches, murmure devant ce grouillement de civils :

— Faudrait tout de même équiper ça !

Les jours suivants, Grant fut continuellement de corvée : transport de bottes de paille, de sacs, de ceinturons, de cartouchières, de capotes et de pantalons. Il dînait au restaurant, et attendait l'heure de l'appel, parfois avec le caporal Saigne, dans un bistro ; parfois dans un café, en compagnie de di Giorgio qui ne quittait pas son monocle, et parlait de Paris et de la petite femme qu'il y avait laissée. A leur table venait s'asseoir Martinoff, gentilhomme russe, caractère autoritaire et charmant ; Altwig, un Luxembourgeois de Paris... Tous espéraient, dès que le bataillon serait formé, suivre leurs classes d'élèves-officiers et partir avec un grade !

Un après-midi, après la soupe, Grant vit venir à lui un jeune homme blond, à moitié chauve, courbé, d'apparence gênée.

— Monsieur, — lui dit-il, — veuillez avoir la complaisance de me prêter votre chapeau, pour un instant. On m'a dérobé le mien, et je ne saurais sortir tête nue ! On n'a aucune espèce de considération pour moi ; on ne respecte pas les personnalités, c'est fâcheux ! Pouvez-vous me rendre le service que je vous demande ? Je cours chez mon chapelier, et je reviens.

— Mais avec plaisir...

— Vous me sauvez ! Permettez-moi de me présenter, je suis Ignace M... — Il s'inclina, et s'en fut.

Martinoff, qui avait entendu ce discours, se mit à rire, et apprit à Grant que ce garçon si poli était le neveu d'un des grands banquiers israélites de Pétrograd ; qu'il vivait à Paris, était docteur en philosophie et en droit, et que la guerre avait interrompu ses études de médecine. Peu après, Ignace était de retour. Il invita Grant à dîner. Pendant le repas, ils se découvrirent, « dans le monde de la littérature et des arts », quelques admirations communes. Au dessert, ils parlaient des derniers ballets russes et de Bergson ! Au moment de se séparer :

— J'ai l'autorisation de coucher à l'hôtel, — dit Ignace, — mais cela ne durera pas longtemps. J'entrevois avec horreur le jour où il me faudra dormir sur la paille, me lever sans prendre mon bain ! Le contact des hommes me répugne. Heureusement que je vous ai rencontré ! Nous reprendrons notre dispute sur Bergson. A mon avis...

La retraite sonnait. Grant le quitta.

Sans que rien n'en parût, les services s'organisaient. Les tailleurs et les cordonniers eurent leurs ateliers ; les employés de banque et les comptables furent placés dans les bureaux ; les officiers du dépôt choisirent leurs secrétaires et leurs plantons ; les étudiants en médecine devinrent infirmiers. Une moitié des hommes qui avaient servi dans leur pays — des Italiens, en majeure partie — complétèrent l'effectif d'un bataillon de Légion (bataillon du commandant Collet) cantonné aux Ecoles ; l'autre moitié forma deux compagnies de marche que le capitaine Viard commandait.

Un matin, au réveil, le caporal Saigne, au lieu de crier; selon son habitude : « Debout ! là-dedans ! » — annonça d'une voix triomphante :

— Ça va barder, les gars ! Les cadres sont là !

Il y a dans la cour huit sergents. Ils arrivent
de Tazza. On leur trouve, naturellement, l'air farouche : ils sont tout simplement éreintés par
une semaine de marche dans le bled et par une
traversée de quatre jours. Les événements de
cette traversée sont racontés par l'un d'eux,
géant maigre, dont la barbe brune dévore la face
et touche la poitrine. Il interrompt son récit afin
de regarder les bleus alignés devant le lavabo.
Il s'écrie, emphatique et joyeux :

— Ah ! les voilà, ces Volontaires, ces nobles
étrangers ! C'est nous qui allons avoir l'honneur
et le plaisir de les mener au feu ! Nous, les vieux
légionnaires !

Et, se tournant vers un de ses camarades :

— Mais, dis donc, Dubois, il y a de tout, là-dedans : des purotins et des fils de bourgeois, — et
en prononçant ce mot, il a un geste large, —peut-
être des nobles, des fils d'archiducs décavés, des
princes valaques, des enfants de la misère, des
prolétaires, des nihilistes et des cambrioleurs !
— On lui crie :

— Assez ! Père Charles !

Mais rien au monde n'a pu interrompre et n'in-
terrompra jamais un discours du sergent Charles,
parisien pur sang, fils de commerçants de la rue
du Louvre, bachelier ès-lettres, quinze ans de ser-

vice, autant de campagnes, quelques blessures et des décorations.

En voyant Grant sortir une brosse à dents d'un étui de celluloïd, il continue du même ton dithyrambique.

— Vous soignez votre bouche, jeune homme, et vous avez raison ! Ma brosse à dents ne me quitte jamais, non plus ! J'ai mangé tout ce qui se mange ! bu tout ce qui se boit ; fumé tout ce qui brûle ; croqué tout ce qui se croque ; décortiqué tout ce qui se décortique ; roulé partout où a roulé la Légion... et, grâce à ma brosse à dents, je tords, à plus de quarante-trois ans, une pièce de 20 sous entre mes mâchoires ; je brise les os des côtelettes, et je ne peux pas faire la cour à une femme, sans qu'elle admire la blancheur de mes dents ! De quelle nationalité êtes-vous ?

— Anglais, — répondit Grant.

— Oh ! la royale Angleterre ! Pays des grands diplomates, des vrais poètes, des ivrognes de choix et des loufocs ! Je suis allé à Londres...

— Père Charles, la cantine est ouverte !

— C'est l'heure du coup d'Aramon. J'offre ma tournée ! La première en terre de France !

Sous la chapelle occupée par la 3ᵉ compagnie se trouvait une chapelle identique affectée à l'infirmerie. Sur la première marche de l'escalier qui y conduisait, se voyait, aux heures de repas, un bizarre personnage. Il se tenait accroupi, les genoux serrés dans les bras. Ses souliers vernis, son complet noir et de bonne coupe étaient parfaitement usés. Du col de son veston maintenu relevé par une agrafe en fil de fer, sortait une figure ronde, glabre, blafarde, aux yeux mi-clos, aux traits peu indiqués. Le front était vaste et saillant ; la tête en forme de pain de sucre, rasée. Il fumait une longue pipe d'où pendaient, attachées par une ficelle rouge, une boîte d'allumettes et une curette. Il lançait, à intervalles réguliers, de longs jets de fumée parfumée. Grant se sentit attiré par cet être qui n'accordait aucune espèce d'attention à ce qui se passait autour de lui. Il le heurta volontairement, s'excusa, et aurait entamé une conversation si le phénomène ne se fût, à l'instant même, levé lentement, et traîné dans l'infirmerie, en murmurant :

— Pardon, Monsieur, — d'une voix lente comme sa démarche, et avec un accent qui rappelait le « twang » des Américains.

Grant remonta à la chapelle. Le caporal Saigne, enchanté par l'arrivée de ses « poteaux d'Afrique », leur faisait visiter les chambrées ; et, en passant devant les escouades, il répétait ;

— Ça va barder, les gars ! Ça va barder !

CHAPITRE III

Considérations. — La victoire de la Marne. — Un
officier de dépôt. — La prison. — Le frangin. — Un
malentendu. — Présentation. — La Légion garibaldienne. — Le Bataillon D.

Depuis son arrivée au régiment, Grant jouis-
sait d'une grande tranquillité d'esprit. Pendant
le mois qui précéda son engagement, la lecture
des journaux le rendait malade. Certes, les nouvelles qu'ils donnaient aujourd'hui n'étaient pas
moins inquiétantes, mais le contre-coup qu'il
en ressentait n'était plus le même.

— Quoi de surprenant à cela ? — C'est le sergent Charles qui pérore : — Vous pensez actuellement en soldat. Un soldat a un devoir défini.
Quand il le remplit, son intelligence, quelles que
soient son acuité et ses directions, ne connaît plus
l'inquiétude. Il n'a plus à juger. Il fait ce qu'il doit,
avec la certitude absolue de ne pouvoir faire da-
vantage. Voilà où réside sa force. Et cette force en-
gendre sa sérénité. Le désespoir, le manque de
courage qui vous torturaient, quand vous étiez
civil, n'a-t-il pas cédé la place à un autre senti-

ment : la haine de l'envahisseur ! La qualité de cette haine m'a été révélée à moi, brusquement, lorsque fut annoncé le bombardement de la cathédrale de Reims. Ce soir-là j'ai entendu le sol de la France crier !

Il s'indigna contre certains Français qui, égarés par des théories militaresques, affirmaient que ce bombardement était de bonne guerre ; que les Allemands avaient le droit de détruire des tours utilisées, vraisemblablement, comme observatoires pour l'artillerie.

— Je me refuse à admirer la réponse du maréchal allemand : « Les os de mes Poméraniens valent toutes les pierres du monde ! » Moi, je suis irréductible. Du plus profond de mes pensées les plus intimes, avec les forces les plus vives de mon instinct, au nom de mes goûts et de mes idées, je hais, méprise, condamne et tiens en méfiance tout ce qui flaire le Germain, le Hun !

— Vous avez raison. Il faut avoir des idées de guerre, — repartit Grant.

Le jour de la victoire de la Marne, l'escouade de Grant était de garde : cela consistait à demeurer 24 heures sous le tunnel qui, traversant dans sa longueur l'édifice de front du Château, mettait en communication l'esplanade du perron avec la grande cour intérieure. Même en été, pendant la nuit, le froid y était vif. Les hommes, pour se reposer, n'avaient que des bancs sans dossier. Consigne : ne laisser entrer ni sortir personne, en dehors des heures réglementaires. On prenait la garde sans armes, et toujours en civil.

Le soir de la Marne, il y eut retraite aux flambeaux et permission de 10 heures. Comme l'appel sonnait, Richard poussa la grille. Elle n'était pas encore complètement fermée que quatre garçons apparurent, au haut de l'escalier. Grant s'apprêtait à écarter un des battants du haut portail pour laisser pénétrer ses camarades, quand un officier, qui se dissimulait dans l'ombre, surgit et commanda :

— Ils sont en retard. Mettez-les en prison ! — A ce mot, un des quatre gars répondit : — En prison ! jamais ! avons pas engagé pour prison ! Grande victoire française ! Grande fête ! Vive la France ! Vive la Russie ! Nous autres, Russes ! Moi, « artilleriste » russe ! Mon ami, « cavaleriste » russe ! — Et se découvrant, il entonna : « *Bojé Tsaria Krani !* » — Les trois autres l'imitèrent. Mais l'officier les interrompit :

— N'ajoutez pas le tapage nocturne à l'ivresse ! En prison ! Appelez la garde ! — Grant obéit ; il eut, cependant, le temps de dire à trois des garçons : — « Filez vite ! » — Ils ne se le firent pas répéter deux fois. Leur retard ne fut pas remarqué ; les bougies brûlaient encore dans les chambrées, et le tapage y était formidable. Mais l'artilleur, dès que la garde se présenta pour l'emmener, se mit en position de combat et fonça, hurlant :

— Moi, Russe ! Grande victoire ! — Le gaillard était solide. Richard, qui ne s'attendait pas à son attaque, reçut, en pleine poitrine, un furieux coup de tête qui l'étendit à terre ; le chef du poste Altwig encaissa un swing qui lui endommagea la mâchoire. On réclama du secours. Huit hommes descendirent conduits par Martinoff qui avait une réelle autorité sur ses compatriotes. On lui expliqua l'aventure. Il dit quelques mots à « l'artilleriste » qui s'écria de nouveau :

— Victoire ! Vive la France ! — L'officier s'impatientait. Il ordonna : — En prison, et vivement ! — L'ordre fut enfin exécuté ; et l'officier s'en alla, se frottant les mains :

— Il faut les mater, ces gaillards-là !

L'artilleur s'en tira avec huit jours de prison. L'affaire fut étouffée, au grand désappointement de l'officier. C'était un très vieux capitaine en retraite, qui avait repris l'uniforme à la mobilisation. Il avait sorti de ses armoires un attendrissant dolman à brandebourgs, de larges pantalons rouges, et un képi style Louis-Philippe. Il passait le meilleur de son temps caché dans un enfoncement du mur. On l'y apercevait, le soir à 8 h. 1/2, au moment de l'appel ; parfois, il revenait à minuit et demandait leurs feuilles aux permissionnaires ; parfois, encore, il surgissait à

6 h. du matin, pour la rentrée des hommes autorisés à coucher en ville ; c'était la terreur de la cantine et des retardataires. Il avait envoyé en prison les quelques hommes qui s'y trouvaient.

La prison était située dans une des innombrables salles du Palais. La description de cet édifice immense serait inutile et impossible. Des escaliers ou des couloirs, creusés dans l'épaisseur des murs, aboutissaient dans des réduits éclairés par des lucarnes. Ces chambres étaient occupées par les différents services. A mesure que l'on en découvrait une nouvelle plus vaste ou plus confortable, les bureaux s'y transportaient, et comme ces déménagements avaient lieu fréquemment et sans caractère officiel, les plantons envoyés aux compagnies en avaient pour une bonne heure avant de les trouver.

Cinquante marches d'un escalier en colimaçon, d'une raideur et d'une étroitesse invraisemblables, conduisaient à la prison : vaste salle voûtée et basse ; dans un angle, un puits, dont trois lourdes dalles de granit bouchaient l'orifice Il en montait, grâce à un phénomène d'acoustique, une rumeur où se mêlaient des bruits de pas et des voix. Enroulés dans leur couverture, sur la paille, certains prisonniers dormaient ; d'autres se racontaient des histoires ; d'autres jouaient aux cartes et tiraient des plans pour se procurer du tabac et du vin ; d'autres se désespéraient et se croyaient déshonorés ; d'autres encore étaient enchantés de leur sort.

Parmi ces derniers, se remarquait un individu malingre ; taille moyenne ; épaules tombantes ; long col et poitrine rentrée ; face terreuse et imberbe ; cheveux châtains, séparés, sur le côté, par une raie très nette ; un rictus perpétuel crispait ses lèvres ; il avait le nez fin, des yeux bleus dont les paupières ne battaient qu'à peine. Selon l'éclairage, on lui donnait 18 ou 40 ans. Il marchait les mains dans les poches de son pantalon en loques. Sa silhouette n'eût point surpris, à 3 heures du matin, près des fortifs ou aux environs des halles. Il s'appelait Marc, tout court, — sujet belge, disait-il, Il s'était fait « boucler » pour ne pas aller à l'exercice. Il en avait « frigousse » de faire « en avant par quatre » et « en ligne face à gauche » avec des bleus ! Il en avait « marre » de la théorie, des signes extérieurs du respect et des soins à donner à ses pieds ! Il réservait ses forces pour plus tard, car il était furieusement patriote ; plus exactement, il était furieusement Parisien. Une fois « bouclé », il se fit « porter malade » pour éviter les corvées. Il se plaignait de douleurs au côté. Le major le pria de se déshabiller. Sur son dos, son torse, comme le long de ses bras, des muscles solides accusaient leurs lignes. Autour du cœur, ces phrases tatouées : « Enfant de la misère ! » — « Qu'importe ! » — Sur son bas-ventre cet avertissement : « Gare les Anglais ! Voici le Boer ! »

— Où t'es-tu fait décorer comme ça ? — demanda le major. Marc ne répondit rien. Ses regards trahissaient plus de malheur, de véritable malheur, que de vice. Le médecin l'ausculta, ordonna un badigeonnage à la teinture d'iode, et l'exempta de service pour un jour.

En attendant que la porte de la prison fût ouverte, Marc considérait les groupes qui circulaient dans la cour. Soudain, il tressaillit, ses paupières s'abaissèrent, ses traits se durcirent.

— Allons, vieux, à la tôle !

— Un instant, mon pote, rien qu'un instant. Je t'en prie !

Il y avait une telle angoisse dans cette supplication, que l'homme de garde céda. Marc examinait un garçon frêle comme lui.

— Dis donc, — dit-il à une recrue qui passait, — tu vois ce gars, là-bas, le troisième sur le rang... Tiens, celui qui se retourne... Eh bien, dis-lui de se débrouiller pour attraper quatre jours, tout de suite... dis-lui qu'il le faut ! C'est promis hein ? mon pote !... Le gars là-bas... qui me ressemble... Confonds pas... c'est sérieux !

Et, sans quitter des yeux le gars qui lui *ressemblait*, il marcha jusqu'à la prison, et disparut par l'étroit escalier. Une minute après, sa figure anxieuse s'écrasait contre les barreaux de la lucarne pendant que les sections se rendaient au terrain de manœuvre.

A 11 heures, un garçon, encadré par deux hommes, baïonnette au canon, traversait la cour et entrait en prison. Sur le seuil, il interrogea du regard les prisonniers. Aucun ne fit attention à lui : on attendait la soupe. Alors, il alla s'asseoir sur les dalles du puits, et se demanda si on ne lui avait pas joué un vilain tour. D'un mouvement des yeux, Marc lui fit signe d'approcher.

— C'est moi qui veut te causer, — commençait-il. — Comment tu t'appelles ?

— Jean !

— Et puis ?

— A la Légion, Jean Quille. Et toi ?

— Marc ! — Et après un silence : — Ça te dit rien, ce nom-là ?

— Rien. Quoi que tu me veux ?

— Te causer. T'es peut-être mon frangin !

Et sans être le moins du monde bouleversé par cette nouvelle :

— Ton frangin ! Tu crois ! Ça se pourrait. T'es de Paris !

— Dame ! Toi ?

— Mai'itou !

— Quel âge ?

— Vingt-cinq.

— Moi vingt-six... T'as bien l'âge qu'aurait

mon frangin ! De quoi que tu te souviens dans la vie ?... Tes vieux ?... ta maison ?... parle !

— La maison ? Je vois ça : une baraque en planches et en boue, avec un toit de zinc... comme un tas d'autres des environs.

— C'est bien ça !

— ... Et des chiffons... de sales frusques... des os... de la ferraille... dans un coin...

— C'est bien ça, — répéta Marc.

— La mère ? plutôt vieille... Le père ?... Souviens pas. Il y avait toujours beaucoup d'hommes, là-dedans... mais le père !

— Il existait... mais il a eu une histoire... Tu comprends... Il est mort, là-bas ! J'avais quatre ans. Tu peux pas te rappeler ! Mais de moi ? Tu te souviens pas ? T'avais pas un frère ?

— Y avait aussi beaucoup d'enfants, ceux des voisins... et il y en avait d'autres qui couchaient un jour, deux jours... Tu devais être dans le tas !

— Et la mère ? Cherche...

— Un soir, plus personne !... J'ai habité chez une voisine.

— C'est bien ça ! Une voisine t'a pris... une autre s'est chargée de moi, parce que la mère a eu des histoires aussi... comme le père... ils ont fini kif-kif, là-bas ! Moi, mes nouveaux parents changèrent de zone... Il se passait trop d'histoires dans la nôtre... Quand je suis venu te chercher, les tiens et toi vous vous étiez barrés ! Comment qu'ils s'appelaient ?

— Rémonard.

— Rémonard ?.. Rémonard ?... ça me dit, ce nom-là ! Les miens, Gafforel.., ça te dit rien ?

— Rien !

— On m'a toujours dit que ce serait à la ressemblance que je te reconnaîtrais... que tu me ressemblais comme si on était jumeaux... et tu me ressembles, mon gars ! T'es bien mon frangin ! Mon petit frangin Eugène !

— Eh oui, que c'est mon nom ! A preuve que l'aîné des Rémonard s'appelait Ugène... Alors, pour pas nous confondre, on m'a appelé Jean !

— Ah ! je l'avais bien senti que t'étais mon frangin ! Ça m'a fait au cœur un coup, quand je t'ai vu... et ça ne trompe pas ! C'est curieux, tout de même ! Comment que t'es ici ?

Ils se racontèrent, l'un à l'autre, leur lamentable aventure. Marc résuma :

— En somme, j'ai été plus malheureux que toi ! Tu ne te souvenais de rien, tu te croyais seul !... Tandis que moi, je savais que tu existais !... Et toujours dans les endroits où les gens comme nous ont chance de se rencontrer, je te cherchais ! Tu es insoumis, que tu dis !... Moi j'ai fait de la correctionnelle, avant le régiment : je suis un bat'd'af ! J'espérais bien te retrouver, là-bas !... mais rien !... Et maintenant qu'on est ensemble, il faut plus se quitter !...

— Pensons pas à ça !

— Il faudra se mettre de la même compagnie, même section, même escouade... Faudra avoir la même conduite ! Si tu peux pas dominer ta passion et si tu en mets sur la gueule à un chef... je ferai comme toi ! Même faute : même punition ! Mais surtout que l'on ne sache pas que nous sommes frangins... on nous séparerait ! Les hommes sont tellement vaches !

Quinze légionnaires en prison ; deux en prévention de conseil de guerre ! Plus de doute, cela bardait !

Les compagnies de marche furent rapidement équipées et soumises à un sérieux entraînement. Les compagnies de dépôt reçurent, peu à peu, leur uniforme et leurs armes ; les costumes civils disparurent, les longues chevelures tombèrent. La sortie des volontaires ne ressemblait plus à celle des ouvriers d'une usine.

Convoyés par le caporal Saigne, les Autrichiens et les Alsaciens furent expédiés au Maroc. Les majors firent passer une visite générale, renvoyèrent chez eux tous ceux dont la santé laissait le moins du monde à désirer, et ceux qui semblait regretter le moment d'enthousiasme qui les avait poussés à contracter un engagement. Grant et Martinoff conseillèrent, de nouveau, à Ignace de se faire réformer :

— Jamais vous ne vous habituerez à la vie militaire, — lui certifia Richard ; — vous songez continuellement à votre tub, aux réceptions de votre oncle, aux ballets russes et à Bergson. Quelle déplorable hygiène morale !

— Je resterai ! — déclara Ignace de sa petite voix haletante et têtue. — Je ne demande qu'une seule chose, de la considération pour moi... que l'on sache qui je suis !

— Mais vous n'êtes rien !

— Ma personnalité...

— Au point de vue militaire : néant ! A moins que vous ne soyez bon tireur, bon marcheur ! Il vous faut oublier que dans le civil vous êtes un intellectuel...

— Est-ce possible ?

— J'y suis bien arrivé ! Le soir, je m'endors sans songer que j'ai une maison agréable, une famille, une bibliothèque, des gravures... un manuscrit inachevé...

— Vous ne pensez pas à cela ?

— Jamais !

— Mais votre vie intérieure !

— Mon intelligence est sur pied de guerre, mon cher ; elle a diminué ses frais... je ne me permets pas le luxe d'avoir ce que vous appelez une vie intérieure !

— Cependant, promettez-moi que nous aurons quelques entretiens...

— Faites-vous réformer...

— Fais-toi réformer, — appuya Martinoff.

— Vous n'êtes pas plus taillé pour la vie militaire que le moine du Liban qui, après avoir été successivement soldat, garde-magasin et balayeur, se meurt de neurasthénie en attendant sa réforme!

Mais l'exemple du moine ne décida pas Ignace. Il ne voulut rien entendre, certain que sa personnalité s'imposerait un jour. Comment ? Il l'ignorait. Cette idée fixe le mena insensiblement à la manie de la persécution, puis à une douce folie qui, après des aventures que nous retracerons ici, nécessita sa libération.

Un soir, Grant reconnut, chez un pâtissier, attablé devant une assiette de petits fours, l'homme à la tête rasée.

— Invitons-le, — dit-il à Martinoff qui l'accompagnait.

L'invitation transmise en russe, l'homme à la tête rasée répliqua en français.

— Excusez-moi (il prononçait : moâ), Monsieur, mais je ne suis pas présentable. Je ne sors de l'infirmerie que pour me nourrir... et je ne mange que des gâteaux. Quand je serai habillé, j'accepterai, volontiers, l'invitation de Monsieur ?... — De la main il désignait Richard, qui se présenta :

— Richard Grant.

L'autre se leva :

— Et moi, Max Gourfinkel, étudiant en médecine à la Faculté de Montpellier, engagé volontaire pour la durée de la guerre ! — Il se rassit, choisit des gâteaux, les engloutit en murmurant :

— C'est excellent ! — et cela d'une voix grave, étrangement timbrée. L'assiette de petits fours vidée, il paya, alluma sa pipe d'où pendaient, attachées par une ficelle rouge, une boîte d'allumettes et une curette, passa devant Martinoff et Grant, les salua par un « bonsoâr, Messieurs ! » et sortit en traînant les semelles.

« Evidemment, — pensa Grant, — des types pareils (et leur nombre, à mesure qu'il connaissait mieux le bataillon, lui paraissait considérable) doivent être désorientés par la blague des sous-officiers de la Légion ! » — Certains sergents — par plaisanterie pure — appelaient les « engagés pour la guerre », les « engagés pour la gamelle. » Les Russes, non seulement ne comprirent pas la plaisanterie, mais en furent profondément affectés. Grant et quelques autres essayèrent de leur prouver qu'il n'y avait pas lieu d'attacher la moindre importance à cette boutade et qu'il fallait l'accepter, comme elle était faite, « à la blague. » Mais les Russes ne comprirent pas : ils ne pouvaient pas comprendre. Le contingent russe était formé d'individus de toutes les classes, de toutes les sectes politiques et religieuses. Il y avait là des tailleurs, des cordonniers **et des mécaniciens ; des étudiants en droit et en** médecine ; des élèves de l'école des Beaux-Arts et des musiciens ; quelques chanteurs et danseurs des *ballets russes* ; des *nobles*, fils d'officiers de cavalerie ; des orthodoxes et des israélites, des libres-penseurs et des croyants ; des exilés politiques et des moujics. La plupart s'étaient engagés sur les conseils de leur ambassadeur ; un grand nombre, si les communications avec la Russie avaient été libres, auraient été officiers dans leur pays ; beaucoup étaient riches, très riches même, aussi n'admettaient-ils pas qu'on pût les traiter « d'engagés pour la gamelle. » Ils ne protestèrent pas, souffrirent : et se montrèrent de magnifiques soldats. Les Espagnols, eux, prirent la plaisanterie de tout autre façon. Ils avouèrent s'être engagés pour la gamelle. Ils ajoutaient : « Comme nous payerons, sans doute, cette gamelle avec notre sang, on ne peut pas nous la reprocher ! » Quant aux Italiens, ils s'agitèrent tant et si bien qu'ils furent — *sauf une centaine* qui manifestèrent le désir de rester à la *Légion* — expédiés *en masse dans un camp d'entraîne*-ment, près de Nîmes. Ils formèrent le 4ᵉ régiment de marche du 1ᵉʳ Etranger ou Légion garibaldienne. Ces hommes se battirent héroïquement en Argonne. Au moment de charger, ils ouvrirent leurs capotes bleues sur leurs chemises rouges. Leur colonel, Beppino Garibaldi, mourut, selon les traditions de sa famille, à l'ennemi.

Le départ des Italiens désorganisa le bataillon de marche. Le commandant Viard regretta ses hommes qu'il avait disciplinés, et dont il était sûr. Les subsistants de cette belle unité furent versés dans les compagnies de dépôt et constituèrent, avec elles, le noyau d'un autre bataillon, que complétèrent, par la suite, les contingents de Bayonne, de Lyon et de Sidi-Bel-Abbès.

Ainsi fut créé, après une nouvelle visite médicale qui élimina tous les malingres, le bataillon D, du 2e de marche du 1er Etranger, sous les ordres du commandant Maurice Muller.

CHAPITRE IV

Une conférence du père Charles. — Les sergents de Légion. — Territoriaux et Légionnaires. — L'Infirmerie. — Mitelman ; Gourfinkel ; Lindskoc. — Deux Grecs. — Les majors. — Le major et Ignace.

— ... et vous autres, vous n'appartenez ni à l'aristocratie, ni à la bourgeoisie, ni au peuple...
— et à ces mots la voix du sergent Charles devient pathétique, sa main se lève : — vous êtes des gentlemen !

Son poing s'abat sur la table et fait trembler les tasses de café et les petits verres de marc. Ceci se passe dans le bar de la Place de l'Horloge où le père Charles, chaque soir, pérore. Deux de ses camarades plus jeunes et quelques recrues forment, autour de lui, un cercle d'auditeurs attentifs. Ils apprennent l'art de devenir de vrais légionnaires, tandis que dans le « salon privé » un piano mécanique joue des valses et des polkas.

Ce soir-là, le père Charles, très en verve, raconte qu'il a examiné ses hommes, un par un, et qu'il les a jugés et classés. Et c'est cet examen qui vaut à certains le titre de gentlemen ! Et ce titre fait sourire les deux autres sergents. Le père Charles le remarque et ricane :

— Vous autres qui avez tout du ballot ! — Et quand il appelle quelqu'un « ballot », cela signifie : « au lieu de charrier, vous agiriez mieux en m'écoutant » — oui du ballot ! — reprend-il, — vous ne me comprenez pas ! Le gentleman est le vrai aristocrate ! C'est l'homme qui, sorti de la bourgeoisie, n'en a ni la mesquinerie, ni les vices, ni l'égoïsme, ni l'hypocrisie ! C'est l'homme qui a conscience de ses devoirs, le culte de l'honneur ! Voilà, tas de ballots ! ce que c'est qu'un gentleman !

Il croise ses bras sur la table, et, regardant ses poulains bien en face :

— J'ai vu avec quel scrupule vous remplissez vos devoirs de soldats, sans vous plaindre... vous qui devez avoir des domestiques, une cave, des chevaux !

Il ne tient aucun compte des protestations qui lui sont adressées, et continue, de plus en plus exalté et enchanté par son éloquence :

— Plus tard, après la guerre, vous vous souviendrez de moi ! Vous, vous direz : « Un vieux lascar d'Afrique nous a jugés au premier coup d'œil ! » Moi, j'aurai repris ma vie d'aventures ! Vous, vous serez dans vos châteaux...

— Après la guerre, sergent, — interrompt Grant, — vous viendrez chez moi, vous verrez...

— Allons donc ! Allons donc ! Après la guerre,
— continue-t-il d'une voix vibrante, — si je viens
sonner aux grilles dorées de vos manoirs, vous
crierez : « Arrière, rustre ! Sus au manant ! Soldat de fortune ! Routier ! Arrière ! » Et vous en-
verrez vos laquais armés de bâtons, et vous me
lancerez dans les jambes vos meutes habituées à
chasser le chevreuil et le cerf... Peut-être me
ferez-vous apporter, par votre valetaille chamar-
rée, une bouteille de vin ! oh ! que le vin soit bon !
— s'écrie-t-il dans un grand éclat de rire : — Je
suis gourmet ! Connaisseur en vin : connaisseur
en hommes ! Et s'il fait trop froid, si la neige
tombe, — poursuit-il dans un nouvel élan de lyrisme, — vous ferez venir le vagabond. Vous lui
permettrez de se réchauffer, un instant, devant
vos cheminées monumentales où brûlent des
troncs d'arbres ! Vous direz à vos fils, héritiers de
vos domaines et de vos fortunes : « Voilà où conduisent les passions désordonnées ! »... Mais alors
vous vous attendrirez ! — et le sergent s'atten-
drissait lui-même à l'évocation de cette scène,
— en vous rappelant que vous, le riche, et moi,
le pauvre, nous avons combattu, côte à côte,
dans les armées de la République !

Il hurle les derniers mots de cette phrase ; on
applaudit ; le piano mécanique joue la *Marseillaise*. Le père Charles parle, alors, avec une abondance magnifique et amusante de la Révolution

et de la prise de la Bastille ; de Hoche et de Marceau, enfants du peuple commme lui ; il cite des vers des *Châtiments*, et ceux d'un poème écrit par un commandant de Légion, à la mémoire de ses hommes dont les noms sont gravés sur la porte d'une ville chinoise qu'ils ont fondée :

Dormez dans la grandeur de votre sacrifice.

Il célèbre l'héroïsme de son régiment, vante les résultats de la discipline, et s'interrompt par ce cri :
— Voilà des braves !
Ses mains se tendent vers deux nouveaux arrivants qui s'attablent près de lui: Wessman et Poiret ! Ils appartiennent à un bataillon entraîné et qui attend, d'un moment à l'autre, son ordre de départ. Grant se fait reconnaître.
— Elle est bien bonne ! — s'écrie Poiret. — T'es le mec du cours Saint-Louis ! On t'avait pris, Wessman et moi, pour un journaliste qui voulait nous faire jaspiner ! et v'là que t'es un vrai poteau !... et qu'on se retrouve avec le père Charles, ce qui, pour être une recommandation, est une recommandation, t'sais, mon vieux !
Ils avaient été en colonne, ensemble, à la compagnie montée, au Maroc. C'était le bon temps ! Ils prévoyaient que la campagne en Europe, « ça ne serait pas le rêve ! »
Grant commençait à se sentir mal à l'aise au

milieu de tous ces étrangers. Aucune camaraderie réelle n'était possible. Espagnols, Grecs,
Russes, vivaient volontiers entre eux, soit par ti-
midité, soit par méfiance. Ils échangeaient leurs
pensées, leurs plaisanteries dans leur langue natale. Leurs groupes étaient très fermés. La solitude
de Grant devint extrême. Il essaya de se faire naturaliser afin d'entrer dans un régiment régulier,
mais les naturalisations, étaient — parait-il —
supprimées jusqu'à la fin de la guerre. On le
nomma chef d'escouade. Mais il tomba sur des
Espagnols du Maroc et sur les hommes de la 8e !
Il s'aperçut bien vite qu'il n'en obtiendrait rien ;
qu'il fallait pour mater des gaillards de cette espèce des gradés qui, comme le caporal Saigne ou
le sergent Charles, possédaient l'autorité que
donnent 15 ans de service et l'habitude de ,disci-
pliner des unités composées d'individus de races
différentes. Richard fut moins heureux que Martinoff, placé à la tête d'une escouade de Slaves
qu'il avait amenés de Paris, et sur lesquels il
exerçait de l'influence ; qu'Altwig qui fut investi
des fonctions du caporal-fourrier, attaché au capitaine-major.

Grant n'eut d'autres amis que les sergents français. Il s'était pris pour eux d'une affection très
vive. Des êtres bien particuliers que ces sous-officiers d'Afrique ! Impitoyables sur les questions
de discipline, criant, tempêtant, sacrant et me-

naçant, pour la moindre peccadille, du poteau
d'exécution et du conseil de guerre, la bêtise ou
l'imprévu d'une réplique les désarmaient. En
dehors du service, ils se montraient bons garçons
et de cœur excellent. Que de fois n'appelaient-ils
pas, à l'écart, des hommes de mauvaise volonté
ou d'intelligence épaisse pour exposer aux premiers les dangers de leur conduite, et pour expliquer aux autres ce qu'ils n'entendaient pas ! Un
des côtés les plus attachants de leur caractère
était le respect qu'ils vouaient aux plus braves de
leurs officiers ; la simplicité avec laquelle ils ap-
préciaient toute espèce de supériorité ; mais il ne
fallait pas que l'on mésestimât celle qu'ils avaient
acquise eux-mêmes : course, adresse au tir, saut
en longueur ou en hauteur, goinfrerie et beuve-
rie, chance à la manille, et surtout donjuanisme !
Sur ce chapitre, un volume serait nécessaire pour
raconter les exploits d'un seul d'entre eux. Certains, engagés à 18 ans, avaient gagné leurs galons en campagne ; beaucoup avaient été rétro-
gradés ; et le motif de leur malheur était, le plus
souvent : *The lamentable Thirst that was at the
beginning of first causes*, comme le dit le Mulva-
ney de Kipling.

Cependant, deux compagnies du 118° territorial
vinrent cantonner au château des Papes. On les
installa dans la chapelle de l'infirmerie qui fut

alors transportée, avec le bureau du colonel et le Poste de Police, au Conservatoire : ancien hôtel de la Monnaie.

D'excellents rapports s'établirent entre territoriaux et légionnaires. Ils se rencontraient, quand il ne pleuvait pas, dans l'enclos des cuisines, aux heures des repas. Ils comparaient leur menu, échangeaient, souvent, des morceaux de bœuf contre des morceaux de porc ; des haricots contre des pommes de terre ; quand il y avait du vin de rabiot, on se le partageait. Les territoriaux — tous du midi — étaient étonnés de se trouver, ainsi, en compagnie d'étrangers. Ils interrogeaient ceux qui parlaient français, sur leur pays, leur famille et leur métier. La haute taille des Russes et des Scandinaves les enthousiasmait :

— Pour être des gaillards, c'est des gaillards !

Ils disaient des Espagnols :

— Ils sont petits, mais ils sont secs et bons !

En écoutant les Belges narrer les malheurs de leur patrie, ils hochaient la tête, s'attristaient :

— Les pauvres !

Tous, d'ailleurs, devaient se retrouver, un peu après, aux tranchées, en Champagne.

*
* *

Une légère entorse nécessita l'envoi de Grant à l'infirmerie. Il y entra sans déplaisir, se promettant

de faire plus ample connaissance avec Max Gourfinkel.

Il y avait, à l'infirmerie, deux scribes grecs :
un Cypriote et un Athénien. Le Cypriote appartenait à la police secrète du Caire ; l'Athénien était
agent d'assurances. En qualité de compatriotes,
ils se haïssaient férocement, ne se parlaient que
pour le service, et encore ne pouvaient-ils s'empêcher de se traiter mutuellement de : « sale
Grec ! »... Suivaient des injures proférées dans
leur langue natale, et qu'il est impossible de
traduire.

Le personnel était sous les ordres d'un Russe,
Pierre Mitelman : cheveux noirs, rejetés en arrière et découvrant un front haut, large, bombé,
sous lequel brillaient, durcis par des sourcils
épais, toujours froncés, des yeux gris, inquiets,
extrêmement mobiles. Un collier de barbe, des
moustaches tombantes, des joues pâles et creuses
achevaient de donner à sa face un air inspiré. Il
parlait peu, soignait les malades avec passion.
Certains de ses compatriotes le considéraient
comme leur chef spirituel. Il les avait poussés à
s'engager, et se tenait pour responsable de tout
ce qui pouvait leur arriver. Il leur appartenait.
Il avait mené l'existence de l'étudiant pauvre. Les
événements de sa vie remarquable l'avaient con-
traint à quitter la Russie qu'il voulait libre. Il
était, au moment de la mobilisation, docteur en

droit, pharmacien breveté des facultés de Paris, et commençait ses études de médecine.

Un jour, un de ses camarades lui demanda de traduire un diplôme sur lequel étaient énumérés tous les titres du Tzar. L'hilarité qu'excita, chez lui, cette lecture scandalisa, au plus haut point, Max Gourfinkel, qui déclara solennellement :

— L'Empereur a promis la liberté aux Polonais et aux Israélites. Je le vénère !

— Des mots... des mots, — protesta Mitelman. — Etudiez votre histoire !

— Je l'ai étudiée. Et je dis : *Boje Tsara khrani !* comme un simple moujic. — La conversation se continua en russe. Max dit, alors, en désignant les autres infirmiers : — Nous ne sommes pas polis, ces Messieurs ne comprennent pas !

— Vous êtes un rêveur, Gourf !

— Certainement, Monsieur Pierre Mitelman, puisque avant d'être étudiant en médecine, je suis romancier et poète !

A ce mot de poète, un homme se leva d'un lit sur lequel il était allongé, tout habillé. Dégingandé, le front à demi dénudé, le teint rose, le nez retroussé sur une moustache mal venue, l'ovale de la face encadrée par une barbe dure et clairsemée, il s'avança, d'une seule pièce, lentement, les lèvres pincées et ses yeux bleus démesurément ouverts par la stupeur.

— Si vous êtes poète, — fit-il d'une petite voix

hachée et douce aux intonations anglaises et saxonnes, — il faudra nous réciter une petite poésie! Ce sera très gentil. J'aime beaucoup les petites poésies. J'ai un nom très poétique : Lindskoc ! Cela signifie : « Le tilleul des rossignols ! »

Max le regarda ; puis :

— Vous êtes chauve, M. Lindskoc !

— Parce que je suis très intelligent ! Et n'est-ce pas pour imiter *mon* calvitie que vous passez votre tête au rasoir, Monsieur Max Gourfinkel ?

— Non, Monsieur Harald, c'est pour l'éviter !

— Oh ! très bien… Merci… Maintenant je vais aller me promener. N'oubliez pas la petite poésie !

Harald Lindskoc était un docteur suédois, spécialisé : les massages. Il ne l'avait pas dit, au régiment, par crainte d'avoir à exercer ses talents sur des hommes. Quelques années auparavant, en massant une Américaine, il s'était amouraché d'elle, et l'avait épousée. Mais elle s'était révélée d'une jalousie telle qu'il avait dû la quitter. Comme elle parvenait toujours à le relancer, il s'était engagé dans la *Légion*, affirmait-il avec une bouffonnerie savoureuse, afin de la dépister une fois pour toutes. Gourfinkel, qui ne lui pardonnait pas d'avoir attiré l'attention de ses camarades sur sa tête rasée, lui dit :

— Comment avez-vous pu inspirer une telle passion ?

— Mais tout naturellement, Monsieur ! Je suis

très beau dans la vie civile. Je laisse pousser mes cheveux et les arrange de telle sorte que je dissimule fort bien *mon* calvitie, dont vous avez horreur, savez-vous ! Par contre, je rase *mon* barbe et *mon* moustache... Je me fais habiller à Londres, c'est beaucoup mieux... Et quand j'entre au café de Paris ou chez Maxim, avec mon frac impeccable, un cigare à la bouche, le teint rouge et le monocle à l'œil, on murmure : « Voilà un noble lord ! » Et je n'ai plus rien d'un lord, aujourd'hui, n'est-ce pas, Monsieur Max !

— Absolument rien, Monsieur Harald !

— Tant mieux ! *Mon* femme ne me reconnaîtra pas, si elle me rencontre !

Tout ce monde était terrorisé par le médecin-chef ; charpente osseuse, figure intelligente, traits émaciés par quinze ans de colonies. Il en avait rapporté une santé délabrée : ce dont il souffrait fort lui-même ; et une nervosité extrême : ce dont souffraient infiniment les autres. La fréquentation exclusive des troupes coloniales lui avait, en outre, permis de simplifier ses idées médicales. Pour lui, une bonne marche guérissait les rhumatismes ; le cuir des brodequins possédait des vertus spéciales pour cicatriser les blessures des pieds ; etc...

Quand les docteurs de réserve qu'il avait sous ses ordres ordonnaient des remèdes autres que l'ipéca, le sulfate de soude, le bismuth ou la pilule d'opium, il s'écriait, hors de lui : « C'est de la médecine civile ! Vous n'êtes pas payés pour soigner, mais pour conserver des effectifs ! » — Il était, avec cela, très habile chirurgien. Quand son personnel d'infirmiers fut au complet, il le rassembla :

— Il n'y a pas d'infirmiers, ici ! Il n'y a que des Légionnaires ! Vous n'êtes que des Légionnaires ! Chacun de vous est affecté à une compagnie, à une escouade. Vous irez aux marches, aux exercices, au tir ! A vos devoirs de soldats s'ajouteront vos devoirs d'infirmiers. Ce ne sera pas une sinécure ! Vous aurez du travail ! Comptez sur moi !

Il tint parole. Il exigea que les portes, les vitres et les boiseries des fenêtres, les carreaux du parquet des salles (6 salles, 75 lits) fussent d'une propreté parfaite, à toute heure du jour : ce qui était logique. Mais on n'avait rien pour nettoyer, ni balais, ni torchons, ni seaux... il fallait se débrouiller ! Et on se débrouilla en achetant le tout, au bazar, en secret.

Un après-midi, le major est appelé auprès d'un malade. Il entre dans la chambre, se précipite vers une fenêtre, pose sa main sur la vitre, remarque à l'extrémité de son index des traces de poussière, s'écrie :

— Cette fenêtre n'a pas été frottée !

Il redescend, furieux, oublie le malade, annonce à ses hommes que, dorénavant, chaque carreau de propreté suspecte représentera un jour de prison.

Il pénètre, alors, dans la pharmacie où, dans un coin, Ignace tremblait de tous ses membres.

— La porte de votre boutique est sale. Elle est même dégoûtante !

— Je l'ai lavée, Monsieur le Major !

— Vous mentez !

— Je vous donne ma parole d'honneur...

— Que voulez-vous donc que j'en foute, de votre parole d'honneur ! En tenue, et venez !

Ignace crut sa dernière heure venue. Il obéit, murmurant : « Je suis perdu ! C'est la fin ! » — Sur la place, le Major monte à cheval :

— Suivez-moi !

Ignace suivit, au pas d'abord. Puis le major met son cheval au trot. Ignace suit au pas de gymnastique. Le major saute à terre, lance la bride de son cheval à Ignace, bondit dans un magasin, en ressort avec des paquets dont il charge le malheureux qui reprend sa course, au pas de gymnastique, les bras embarrassés, suant et haletant.

Une heure après, il était de retour, mort de fatigue. Il raconta son raid à travers la ville ; et conclut :

— Au lieu de me remercier, de s'excuser de m'avoir fait courir comme un dératé et porter des paquets comme un larbin, savez-vous ce que m'a dit le major ? Non ! Il m'a dit : « Vous avez tenu mon cheval comme un cochon ! »

Evidemment pour un élève de Bergson !....

Il acheta, le soir même, du savon noir pour nettoyer la porte de sa pharmacie. Il en usa tant et si bien qu'il en enleva la peinture. Il s'écria, une fois encore : « Je suis perdu ! »... — Il se procura chez un quincailler, une plaque en émail blanc, sur laquelle se lisait en belles lettres noires : « Pharmacie », et la vissa contre la tache faite par le savon noir.

— Heureusement, heureusement, mon cher, — dit Lindskoe, — que la tache est au milieu du panneau ! Sans cela vous étiez perdu !

— Ne plaisantez pas ! — supplia Ignace. — Ma situation est tragique ! De jour en jour plus tragique !

Il acheta, clandestinement encore, une brosse à parquet, un frottoir, des balais, des torchons pour « fourbir sa boutique », et il acheta aussi des médicaments, pour n'avoir rien à demander au major. Ce dernier parti, il retrouvait son intelligence, discutait, avec passion, très à son aise dans un monde qui n'avait que de très lointains rapports avec le monde militaire ; le nombre et la diversité des citations qui appuyaient ses moindres arguments dénotaient son immense lecture ; sa courtoisie dans la dispute était extrême, et son respect et sa terreur des galons demeuraient tels, qu'il saluait militairement et s'excusait, quand il était en contradiction avec le médecin auxiliaire Chazal, jeune docteur de 23 ans, ex-interne des hôpitaux de Lyon, surpris d'abord, puis très amusé de se trouver incorporé à la Légion. Il venait, chaque après-midi, causer, une heure ou deux, de médecine ou de philosophie, avec Mitelman, Gourfinkel et Lindskoc.

CHAPITRE V

Le Commandant. — L'Esprit de corps. — Les Compagnies et leurs Capitaines. — Russes et Provençales.

Les hommes se sentaient bien tenus par leurs officiers, bien en main. Le premier soin du commandant fut de réorganiser le bataillon. Son expérience lui avait prouvé qu'il était mauvais de grouper les hommes par nationalité. Aussi ne voulut-il pas de compagnies formées uniquement d'Espagnols ou de Russes, mais des compagnies formées d'un nombre à peu près égal de Russes et d'Espagnols, parmi lesquels, pour donner du liant, furent incorporés d'anciens légionnaires.

Son bataillon ainsi constitué, il le rassembla au champ de tir, et le passa en revue. Remarquant que les visages rasés était en majorité, il s'écria :

— Je veux que mes Légionnaires gardent leurs moustaches. Les visages sans poils ne sont pas admis à la Légion. Nous les appelons : « les têtes de veau ! » Donc, à partir d'aujourd'hui, défense de se raser. Vous ne devez pas plus vous raser physiquement que moralement ! D'ici huit jours, je veux voir des lèvres poilues, c'est la mode à la Légion !

Puis, on lut au rapport : « Les hommes vont recevoir leur ceinture, c'est le signe distinctif de la Légion, il sera porté avec honneur ! » — Suivait l'énumération des peines encourues par ceux qui perdraient, détérioreraient ou vendraient leur ceinture.

On redevient enfant au bataillon ! Exhiber sur sa capote un indice qui les différencie d'avec l'infanterie, constitue pour chacun un événement de la plus haute importance. Les anciens enseignent aux jeunes l'art de porter la ceinture avec le chic traditionnel. Le dernier tour, légèrement renversé dans le dos, doit se terminer, sur le côté droit, par un pli en diagonale. Cette ceinture autour de la taille transforme ces fantassins en Légionnaires.

Entendre, chaque fois que s'en offrait l'occasion, le commandant, les officiers et sous-officiers déclarer : « A la *Légion* on fait ceci..., à la *Légion* on fait cela..., à la *Légion* on a l'habitude de... », les hommes finirent par croire que la *Légion* était une arme bien à part. Et quand à la « clique » des tambours et clairons fut ajoutée, toujours selon les usages de la *Légion*, une fanfare de fifres, aucun doute ne pouvait subsister, la *Légion* était bien la *Légion*, et avait son existence propre. D'ailleurs, c'est grâce à ces petits détails que naît et se développe cette chose admirable : l'esprit de corps. C'est une discipline secrète. Elle s'adresse non pas au sentiment du devoir, à la crainte des punitions, mais à l'amour-propre et à la fierté. C'est un ensemble de traditions plus efficaces que le plus inflexible règlement, une loi d'orgueil, une convention tacite et, pour ainsi dire, un uniforme moral. Nulle part, comme à la *Légion*, — uniquement parce que le recrutement de cette arme est des plus curieux, — l'esprit de corps n'est aussi vif.

C'est grâce à lui que des individus d'un caractère aussi différent que des Slaves et des Espagnols, des Polonais et des Scandinaves peuvent être réunis en un tout homogène et vivre en bonne intelligence ; que, dans l'espace d'un mois, furent métamorphosés en Légionnaires, des jeunes gens qui, jusqu'alors, n'avaient jamais tenu un fusil.

Mais cet esprit de corps, il fallait savoir l'exciter. Et la maîtrise, l'énergie que montra le commandant Muller dans cette tâche lui valut, dès le premier jour, et spontanément, l'attachement de ses Légionnaires. Quand il rassembla son bataillon, au champ de tir, monté sur son pur sang blanc et qu'admiraient, depuis longtemps déjà les Cosaques, il produisit une impression magnifique. Sa façon d'interroger les hommes, le son de sa voix dénotaient un chef. Le discours qu'il prononça, à propos des moustaches, fit sourire, et

prouva qu'il était brave homme. L'excellence de
son cœur, la netteté de son autorité se révélèrent,
peu à peu, par des faits, en campagne. Commander un bataillon de Volontaires étrangers, parmi
lesquels — il s'était renseigné et s'en était rendu
compte — se trouvaient des gens remarquables
et d'honneur, exige des qualités rares : il les possédait toutes. Il savait parler aux Russes comme
aux Espagnols, et se faire parfaitement entendre.
Ses Légionnaires étaient bien à lui. On ne disait
pas le bataillon D, mais le bataillon Muller. —
« Je suis têtu comme un Alsacien », déclarait-il
volontiers. Et il portait sur sa face ronde, coupée
par une flottante moustache brune, les signes de
la volonté : front massif, sourcils droits, nez fort,
menton relevé, maxillaires saillants, lèvres minces
serrées sur la cigarette. Il était de taille moyenne,
trapu mais agile, imposant à cheval, et de tenu
très simple.

Cependant, malgré la discipline uniforme,
les compagnies prenaient chacune leur personnalité.

La D¹ est la compagnie modèle. Le capitaine de
Cellery d'Allens la commande. Il est avec ses su-
bordonnés d'une correction attachante, et d'une
grande indulgence pour ses hommes, qui s"a-
perçoivent vite que le capitaine s'occupe d'eux.
Au magasin de la D¹, il y a, en abondance, des ca-

potes, des chemises et des brodequins. La paille des chambrées se renouvelle souvent. De vrais cuisiniers font la cuisine. Le capitaine voit tout ; il s'intéresse à tout : à la santé de ses légionnaires, comme à leur bien-être et à leur moral.

La D² est la « compagnie électrique. » Quand les autres compagnies font une marche de 30 kil., la D² s'en appuie 35, dans le même laps de temps ; quand les autres compagnies font du pas de gymnastique pendant une heure et sans armes, la D² court avec l'équipement complet. On grogne, mais on est fier de supporter un tel entraînement. Le capitaine Junot exerce une sorte de fascination. Ce n'est pas un père pour ses hommes, comme le capitaine d'Allens : c'est leur compagnon d'armes. Il est aussi élégant et agréablement tourné qu'un homme peut l'être : un joli visage, mais dédaigneux et hautain d'expression ; courtes moustaches retroussées sur les lèvres ; voix douce mais sèche et vibrante dans le commandement. Pour plaire au capitaine, il s'agit de ne pas traîner en route : il a horreur des « canards » ; de ne pas souffler en remontant son sac, tous les 50 mètres ; de grouper ses balles dans la cible ; d'être sportif et propre.

— Junot ? — dit de lui un vieux d'Afrique, — je le connais ! C'est le tonnerre de Dieu ! Il est riche comme Crésus, et il n'aime que la guerre, le danger, l'aventure : un soldat, un point c'est tout !

Il s'est battu partout où on s'est battu. Comme cavalier, c'est le premier de l'armée française. Comme tireur, il tue, avec son revolver, un pigeon au vol, et troue une pièce de deux sous, à 40 mètres. Et brave avec ça ! Avec lui, c'est un plaisir d'y aller ! Mais faudra pas avoir peur de se faire casser la gueule ! Lui ? Il s'en fout ; il est blindé : il passe à travers !

La D³ est la compagnie heureuse : celle où l'on ne s'en fait pas. Le capitaine Sauval, colosse au teint rose et aux cheveux blancs, est un colonial. Il a comme sergents des coloniaux ; ils savent qu'il est dans l'intérêt de tous que « ça marche bien »... et ça marche merveilleusement. Le capitaine parle couramment espagnol, et quelque peu russe. Il interroge les hommes dans leur langue : ce qui leur donne confiance. Il ne leur demande pas l'impossible : il est certain de l'obtenir, en temps voulu.

La D⁴ est la réplique de la D¹. Son chef, le capitaine de Sampigny, est, comme le capitaine d'Allens, un officier gentilhomme. Une grande partie de sa carrière s'est écoulée en Afrique. Certains le connaissent, comme ils connaissent le commandant Muller, le capitaine Junot et le capitaine Sauval.

— Sampigny ? — affirment-ils, — c'est le chic type ! Pour la tactique, pour la manœuvre, il est un peu là ! — Et le ton de ce jugement, le geste

qui le souligne signifient que le capitaine est le
« chic type » d'abord à cause de son courage et
de sa justice ; ensuite parce qu'aux yeux des légionnaires, son aspect physique dénote bien un
chef : muscles et nerfs ; tête d'aigle ; nez busqué ;
yeux rapprochés, fixes et noirs.

— Si nos officiers ne se trompent pas en matière d'hommes, rapport à ce qu'ils en ont com-
mandé de tous les pays, nous autres, les hommes,
nous ne nous trompons pas, non plus, en matière
d'officiers. Nous pouvons nous juger les uns les
autres : on est gens de même métier !

Et c'est précisément parce qu'ils étaient gens
de même métier que les officiers, secondés par
leurs sergents et leurs caporaux, firent sortir,
avec une rapidité merveilleuse, de la horde des
premiers jours qui grouillait dans le château des
Papes, le beau bataillon alerte que les Avignonnais voyaient défiler dans leurs rues, au son des
tambours, des clairons et des fifres.

Les Avignonnais avaient fini par aimer sincè-
rement les légionnaires. Leur tenue était, d'ailleurs, parfaite : pas de scandales ; pas de rixes ;
pas de scènes d'ivrognerie. Les Russes, en majorité dans le bataillon, étaient des garçons calmes.
Les plus riches d'entre eux avaient fait venir leur
femme ou leur maîtresse et dépensaient de l'argent. Les moins fortunés, au lieu de s'abrutir
dans les cafés ou les maisons publiques, visi-

taient la banlieue, s'arrêtaient dans les fermes. Le dimanche, les femmes leur préparaient à déjeuner ou à goûter. Ils parlaient de leur patrie et de leur famille ; certains chantaient des chants très tristes et très doux. Ils se sentaient heureux chez ces paysans de Provence. Les bûches de chêne et d'olivier brûlaient dans la cheminée, car il commençait à faire froid. Pendant que Boldéroff et Artémoff, deux Cosaques, confectionnaient des plats de leur pays, Mitelman interrogeait les vieux sur les conditions de leur existence, sur les impôts, sur les revenus de la terre, sur leurs idées politiques, sur le bonheur et le bien-être dont ils jouissaient. Il comparait leur sort à celui des paysans russes. Ce qu'il disait de leur misère stupéfiait les libres cultivateurs de Provence.

Plus tard, en campagne, les jeunes Avignonnaises n'oublièrent pas leurs grands amis slaves. Elles leur écrivirent régulièrement ; et, régulièrement aussi, leur envoyèrent des vêtements de laine qu'elles tricotaient elles-mêmes, et toutes sortes de choses bonnes à manger.

Ces petites Provençales sauront-elles jamais ce qu'elles ont été pour ces exilés ? Pendant des mois, tant que les communications avec la Russie furent impossibles, ils ne reçurent ni d'autres colis ni d'autres lettres que les leurs.

N'est-ce pas, Volontaires russes de 1914, n'est-ce pas que cette tendresse fut pour vous un vrai réconfort? Comme ces âmes simples avaient bien su comprendre vos âmes simples ! Elles vous auront pleurés aussi douloureusement que leurs frères, dont elles vous entretenaient, parfois, ô vous qui vous étiez assis autour de leur table et aviez bu le vin de leur vigne, si gaîment ! Vous qui dormez, là-haut, sous les cailloux des *Ouvrages blancs*, dans les champs de la *Targette* et de Neuville Saint-Vaast !

CHAPITRE VI

Marches de nuit. — Discussions. — Le concert interdit. — Les réfugiés. — Champagne d'honneur.

Grant avait apprivoisé Gourfinkel. Pendant les
longues marches de nuit, ils parlaient de philosophie, de littérature et des joies qui avaient été
les leurs. Grant était séduit par l'âme délicieuse
de son camarade et par le haut ton de son
esprit.

— En Russie, je serais officier. Ici je suis un
soldat, un légionnaire, assimilé à un étranger.
Mais j'irai jusqu'au bout sans me plaindre ! Quand
je suis trop triste, je songe à mon père dont je
suis le disciple. Je pense à mes livres... J'achève,
dans ma cervelle, *les Raisons de la morale nouvelle*. Je vis dans un monde que nulle ombre ne
touche. Je suis le monarque de mes idées ! Quand
je m'ennuie, je me raconte les péripéties de mon
roman d'aventures philosophiques : *Pour sauver
Angélica !*... Le diable en est le héros. J'ai de ce
personnage une conception qui vous amusera !

Et comme Grant lui certifiait que la vie de
soldat lui serait de quelque profit, il déclarait :

— Les hommes n'ont rien à m'apprendre. Quand j'ai besoin d'un type, pour m'exprimer, je le crée ! Ne me parlez pas de l'expérience. C'est un trésor qui ne s'amasse que lentement. Quand la cassette est pleine, le soleil décline. Les artistes naissent avec la cassette pleine, près de leur oreiller. Nous n'avons qu'à l'ouvrir et à puiser à pleines mains...

Comme un *appuyez à droite...* ou un *rentrez dans le rang* suivi de jurons énergiques interrompait, souvent, ces entretiens, Max, qui bondissait à la moindre grossièreté, obéissait, reprenant :

— Enfin, le vin est tiré, il faut le boire !

Une nuit, il fut impossible de lui arracher une parole. Le nom de Dostoïevsky lui-même ne parvint pas à vaincre son mutisme.

— Qu'avez vous, mon vieux Gourf ? — interrogea Grant.

Et, après un long silence, Max Gourfinkel murmura :

— Est-ce bien pour une idée que nous sommes là ?

— Mais de quoi vous inquiétez-vous donc, mon pauvre Max ?

— D'une idée !

Et il se replongea dans sa méditation.

Parfois la noblesse des paysages ramenait dans sa mémoire des vers de Baudelaire, et de Vigny qu'il vénérait :

— Je le comprends bien, aujourd'hui, — disait-il. — Je comprends ce qu'il entendait par la « Religion de l'honneur ! »

La strophe de Banville :

Nourrice de héros, sainte aristocratie...

portait son enthousiasme à l'extrême et suscitait, entre Mitelman et lui, d'amères disputes. Tous deux aimaient la Russie, mais pas de la même manière. Leur controverse se poursuivait, le soir, dans la chambrée. Lindskoc déclarait les discussions politiques intolérables, suppliait Gourfinkel de lui réciter, puisqu'il était poète, une jolie poésie, qu'il écouterait en fumant un excellent cigare. Exclus du cercle, le Cypriote et l'Athénien se traitaient de « sale Grec », de « voleur », d' « espion », etc...

Il se passait, dans les compagnies, des scènes comiques. Il y avait, à la Légion, comme dans tous les régiments, des gradés qui semblaient avoir appris leur métier dans Courteline. Comme ils s'adressaient à des Russes, à des Espagnols et à des Scandinaves, la manière dont ces Etrangers ne les comprenaient pas ajoutait une saveur très spéciale à ces petits drames quotidiens et pleins de bonne humeur.

Il était sérieusement question de départ. Le

commandant voulut — selon la coutume de la Légion — organiser un concert au profit des pauvres et des réfugiés belges. Ces malheureux traversaient fréquemment la ville. Lamentables cortèges d'enfants, de femmes et de vieillards que des chiens accompagnaient, parfois. Dans un de ces groupes, une fillette porte une cage où gît un oiseau mort. A ce spectacle, le sergent Charles s'écrie :

— Voilà ce que nous vengerons ! Voilà qui est digne de tout notre sang ! Saluons, mes enfants ! N'y aurait-il que cela à venger, c'est assez ! Et les bourgeois, dans leurs lits de plumes, entre leurs draps d'argent et d'or, — il se reprend : — entre leurs draps de fine toile, songeront-ils à ces exilés qui, ce soir, s'allongeront sur les dalles d'une église et n'auront pour se réchauffer que l'haleine de leurs chiens !

Puis, avisant un long jeune homme à lunettes qui trimballe deux valises, il éclate de rire et ajoute :

— Celui-là, par exemple, il a tout du ballot !

Le concert promettait d'être brillant. Il y avait, parmi les Russes, bon nombre d'artistes de profession. Ils devaient jouer du Borodine, du Rimsky-Korsakoff, et chanter des airs populaires. Les Espagnols fournissaient des danseurs et des guitaristes. Les Légionnaires montaient une farce célèbre au régiment. Les répétitions étaient commencées : un ordre interdit la fête. Ce fut un désappointement : mais il fallut obéir.

En guise de dédommagement, on distribua aux hommes des cache-pantalons, gris de fer ; des morceaux de laine bleue destinés à recouvrir les boutons des capotes et les plaques des ceinturons. L'uniforme ainsi assombri est triste. Chacun reçut, en outre, une toile de tente et des piquets, des gamelles, des quarts et des bidons neufs.

L'ordre de départ arriva. Où allait-on ? Du côté de Craonne, sans doute. Un bataillon de Légion avait déjà donné dans ces parages.

La veille de la mise en marche, on apprit, au rapport, que les compagnies seraient dirigées sur Noisy-le-Sec. Autant dire Paris ! La perspective de revoir Paris déchaîna un grand enthousiasme. Belle journée que celle où les courroies se bouclèrent autour des sacs complets !

Le soir, on offrit au commandant et aux officiers un champagne d'honneur. Les toasts échangés prouvèrent qu'officiers et légionnaires pouvaient compter les uns sur les autres. Une escouade anglaise chanta :

For he is a good jolly fellow !

Des hurrahs furent poussés en l'honneur du commandant.

Soudain, les fanfares sonnèrent la retraite. Avec un parfait ensemble, comme à la manœuvre, les hommes se levèrent, saluèrent et sortirent. Une expression de contentement épanouit la face du commandant Muller. Même en ce dernier soir, ses Légionnaires tenaient à être rentrés dans leurs compagnies pour l'appel.

DEUXIÈME PARTIE

AUX TRANCHÉES, EN CHAMPAGNE

CHAPITRE Ier

Cours d'histoire par un vieux soldat. — Le départ. —
La Légion voyage. — Noisy-le-Sec. — La salade du
sergent. — Epernay. — Les champs de la Marne. —
Les Boches et leur Empereur. — Les délices de Louvois. — Poker. — Séparation.

Dans un coin de la chambrée, à la D², les
hommes défont leur couverture ; c'est dommage,
elles étaient si bien roulées autour des sacs !
Mais il fait terriblement froid. Et puis, c'est la
dernière nuit tranquille : autant la passer bonne !
Une voix s'élève, au milieu d'un groupe : une
voix sympathique, grasse, bien imbibée par le
vin du départ. Et cette voix dit :

— Ous qu'on en est de la guerre ? Eh ben, je
vas vous le dire, moi ! En deux mots, voilà : au
début ça ne marchait pas ! Comme dit le sergent
Charles, vous n'êtes tout de même pas assez ballots pour ne vous être pas aperçus que ça ne marchait pas du tout ! Avec la totalité de leurs forces...

et il devait y avoir quelqu'un... les Boches attaquent. Pour foncer droit et au plus court, sur Paris, que font-ils ? Ils violent la Belgique ! Bande de vaches ! On les attend à Charleroi. Mais là, pas moyen de tenir : c'est la retraite et l'envahissement de la France ! Les vaches ! Ils nous poussent jusque sous les murs de Paris... à Gonesse, quoi ! Mais je vas vous dire : ils croient nous pousser : ça s'appelle une retraite stratégique ! Une fois qu'on les a eu attirés là ous qu'on voulait les attirer, vlan ! on passe à la contre-attaque. Et cette contre-attaque-là, ça s'appelle la Marne ! Bandes de vaches : ils ont mis les cannes ! Et pour 100 kil. Là : arrêt, buffet ! Dame, on ne fait pas la retraite, la contre-attaque sans fatigue ! Il faut se reformer, se reposer, amener du matériel : c'est ce qu'on fait depuis la victoire de Joffre !... Et maintenant, on est prêt ; on vient de siffler : « En voiture, on part ! » Et c'est pour un nouveau coup, comme la Marne ! On en sera ! Voilà où on en est de la guerre. En résumé, on part pour reprendre le truc de la Marne là ous qu'on l'a laissé. Ces bandes de vaches, on va les cueillir comme des fleurs, et les déposer, en bouquets, à Berlin !...

Et on chante ce nouveau chant de la Légion, composé par un volontaire de Bayonne :

> Oui, c'est à Berlin,
> Qu'on chantera la *Marseillaise !*

Les neuf dixièmes du bataillon pensent comme ce vieux soldat. Très restreint est le nombre de ceux que le mot de « tranchée », qui revient, depuis un mois, déjà, dans les communiqués, a fait réfléchir, — et tant mieux ! Ils savent, ceux-là, que la guerre sera, selon la belle expression de Barrès, « une grande œuvre triste ! »... Mais ils chantent encore plus haut que les autres, en disant au revoir aux camarades qui restent aux compagnies de dépôt :

> C'est nous : la Légion.
> Baïonnette au canon.
> Qui venons combattre avec la France ! etc...

Triste matin de novembre ; ciel gris et bas ; des flocons de neige tourbillonnent et se fondent avant d'avoir touché le sol. De la neige, aux premiers jours de novembre, en Avignon, est chose plutôt rare.

Le bataillon va au feu ! Malgré l'heure matinale et le froid et la neige, les tambours, les clairons et les fifres attirent la population aux fenêtres. On voit de jolis minois de jeunes femmes, encadrés par leurs cheveux coiffés pour la nuit. Mais notre marche est si noble, si excitante, qu'elles n'y résistent pas, les Avignonnaises : leur main font tourner l'espagnolette, la fenêtre s'ouvre ; les femmes agitent des mouchoirs, envoient des baisers, saluent ceux qui partent, crient : « Vive la Légion ! »

Les rues sont presque désertes ; aussi remarque-t-on aisément un groupe de jeunes filles qui suit le bataillon : ce sont les filles de la campagne ; bras dessus bras dessous, entraînées par la marche héroïque, elles accompagnent, jusqu'à la gare, leurs grands amis, les Volontaires russes, frères de leurs frères ! La neige tombe très épaisse ; quand le train s'ébranle, tout est blanc.

Adieu, bel Avignon !

On voyage, comme il convient, dans des wagons à bestiaux. Pas de paille. Entre les planches mal jointes du parquet monte un air glacé. On se réchauffera à Noisy-le-Sec ! Pour prendre patience, on mange, on boit, on chante, on fume — et tellement que, sous peine d'être asphyxié, il faut ouvrir un panneau du wagon. En attendant de se réchauffer à Noisy-le-Sec ou même à Paris, on se réchauffe avec de l'eau-de-vie, si bien que la provision, qui devait suffire au voyage, est épuisée à midi. Désespoir général ! Heureusement les ordres ne sont pas trop sévères ; les « dégourdis » arrivent à se faufiler sans difficulté dans les buffets et les buvettes des gares : gourdes et bidons sont bien vite remplis. Chaque fois qu'un homme a soif ou froid, il commande, en imitant la voix d'un sergent :

— Approvisionnez !

Et tous les quarts se tendent.

On remonte la rive gauche du Rhône : c'est la direction de Paris. Il règne dans les compartiments une grande gaîté. Quand le convoi traverse des champs, on hurle :

> Si tu veux faire mon bonheur,
> Marguerite, Marguerite...

Mais quand on entre dans une gare, où il est défendu de descendre, les hommes entonnent des chants patriotiques : les Russes, le *Boje Tsaria khrani* ; les Espagnols, leur *Chant Royal ;* les autres, la *Marseillaise* ou le *Chant du départ.* Cela produit une clameur étrange et barbare.

Sur le quai, des voix demandent :

— Quel régiment ?

Les cris répondent :

— La Légion ! Les Volontaires étrangers !

Et le train passe au milieu d'ovations qui font plaisir.

La nuit, le froid augmente ; les chants cessent. Une lanterne éclaire le compartiment où Gourfinkel, accroupi dans un coin, bourre sa 15ᵉ pipe. Il a acheté un briquet à essence, et parfumé son tabac avec de l'extrait de géranium. Il a, peu à peu, poussé sous lui des sacs qui le préservent du courant d'air glacé qui monte du parquet. Il neige toujours. On bat la semelle ; on installe les couvertures et les toiles de tente. Le fanal du wagon est allumé. La flamme de la bougie vacille et s'éteint : c'est l'obscurité. On a pensé à tout, sauf à emporter des bougies. Toutes les cinq minutes, Gourf allume son briquet. On ne sait plus où l'on est. Le brouillard empêche de lire le nom des stations. Noisy-le-Sec ne peut plus être bien loin, tout de même.

— Approvisionnez !

Le briquet de Gourf illumine la scène. Le train ralentit sa marche ; il gronde sur des plaques tournantes, dirait-on. Vivement, le panneau est tiré. Des rayons de projecteurs rayent le ciel noir : c'est Paris ! En l'honneur de Paris :

— Approvisionnez !

Le train va de plus en plus lentement. Il contourne Paris par la grande ceinture. La promenade dure deux heures. Enfin, Noisy-le-Sec !

Au coup de clairon tout le monde saute à terre. Le commandant va aux ordres. Des employés complaisants se chargent de faire remplir les bidons. Le commandant revient et demande deux hommes de corvée par escouade. Pourquoi faire, bon Dieu ! On rôde autour des groupes d'officiers dans l'espoir de surprendre un renseignement, mais ils ne savent rien et font du pas de gymnastique sur le quai. Voici les corvées de retour avec des bottes de paille sur les épaules. Les bottes sont distribuées : trois par compartiment C'est bien, mais pas assez !

— Où est la paille ?

— Sous le hangar !

Les hommes se glissent vers l'endroit indiqué. Bientôt les wagons ont l'aspect de granges : de la paille jusqu'aux genoux !

— Faut pas s'en faire !

Le gouvernement offre le café chaud. le vin, les conserves et le pain ; les fonds particuliers fournissent le rhum, le jambon, la viande froide et les fruits. La certitude de passer une nuit en train acquise, on ne s'inquiète plus que d'une seule chose : la passer le plus confortablement et le plus gaîment possible. Au « Garde à vous », chacun bondit dans son sleeping. Qui donc se rappelle qu'il a été, un moment, question de revoir Paris ? Personne, en vérité ! Les indigènes de Noisy-le-Sec ont bien acclamé le bataillon : les Légionnaires s'apprêtent à festoyer. Ce qu'ils ont pu acheter, pendant cette heure d'arrêt, est invraisemblable. Les gamins n'ont jamais vu de soldats payer aussi royalement les commissions. Dans son « dining-car », le sergent Charles confectionne un fourneau. Il s'est procuré une casserole qu'il a trouée avec sa baïonnette et suspendue au plafond du compartiment avec du fil de fer coupé le long de la voie ; du charbon qu'il a demandé au chauffeur d'une locomotive. Sur le feu, qu'un courant d'air savamment dirigé attise, le sergent prépare du vin chaud pour ses hommes ; ensuite, pour son usage personnel, il fait griller une côtelette de porc. Il sort, enfin, de sa musette, des salades et une petite bouteille contenant de l'huile et du vinaigre !

— Comment vous êtes-vous arrangé, sergent ?...

— Tas de ballots ! j'aimerais mieux crever que de ne pas manger de la salade ! et quand un homme préférerait crever plutôt que de ne pas manger de la salade, il en trouve... et l'assaisonnement avec ! Qui en veut ?

La distribution faite, il ne lui en reste plus que quelques feuilles. L'important, pour lui, était d'avoir de la salade ! Peu d'hommes possèdent un cœur aussi généreux que le sergent Charles.

Le réchaud se balance, répandant un peu de chaleur sur les hommes qui dorment, enfouis sous la paille, comme des furets. Le clairon les réveille en sursaut. Ah ! comme on dormait bien ! Pas de doute, jusqu'au jour où on entrera à l'hôpital avec une balle dans la peau, on ne dormira plus aussi tranquillement.

Tout le monde en bas. Une grande gare, une grande ville : Epernay ! On ne va pas plus loin ; c'est officiel. Des trucs, sur lesquels elles sont attachées, les voitures des trains de combat sont décrochées et garées contre un quai de débarquement. Il fait encore sombre, mais le jour qui s'annonce sera beau. Le bataillon ne quittera Epernay que dans deux heures. Les hommes se dispersent. Les employés leur apprennent que les fenêtres éclairées, à 200 mètres de là, sont celles de cafés et de restaurants.

— Un café au lait, pain et beurre s'imposent, — décrète le sergent Charles.

On eut aussi des croissants et des brioches, et, en outre, le temps de visiter la ville en fiacre, d'acheter du tabac et des pâtés, et de boire, au lever du soleil, tout en écoutant les habitants parler du passage des Boches, une bouteille de vin de Champagne. Il est nécessaire de prendre des forces : tout fait prévoir une marche sérieuse.

Au jour, le bataillon se met en marche. Comme des convois de ravitaillement encombrent les routes, les compagnies s'arrêtent souvent. Pendant les haltes, les habitants des faubourgs interrogent les hommes. En apprenant que tous sont des Volontaires étrangers, ils leur témoignent une grande sympathie, leur offrent des verres de vin, et leur vendent, à bon compte, des saucissons et des fromages.

Les champs de bataille de la Marne !

Personne ne chante plus ; personne ne rit ; on regarde. Des voix passent sur ces campagnes transfigurées : tous les écoutent. Quel dialogue, échangé, à cet instant, entre ces cœurs de soldats et ces tombes qui se montrent, au bord des fossés !

— On n'y va pas comme à la noce, — mur-

mure un de nos aînés, — mais crevant de haine !
Si on attaque, ce soir ou demain, y a pas, la Légion fera du bon boulot !

La certitude que le « coup de tampon qui les bousculera jusqu'à la frontière ne tardera pas à se déclencher » est ancrée dans tous les esprits.

A 4 h. de l'après-midi, les compagnies se disloquent devant un important village que la population civile n'a pas entièrement évacué. L'habitant est las d'héberger des troupes, depuis trois mois ; aussi l'accueil n'est-il pas très chaleureux.

— Resterez-vous longtemps ?

Que répondre ?

Les gars de la Légion résolurent de séduire leurs hôtes ; et ils y réussirent. Le fumier disparut des cours des fermes ; chaque matin, les dalles furent lavées à grande eau ; des portes et des fenêtres délabrées furent réparées ; les troncs d'arbres fendus, coupés en bûches et disposés dans les hangars, en tas réguliers. Pas de maisons qui n'eût ses pensionnaires. Pas d'homme qui ne sût où aller boire une tasse de café, faire un civet de lapin ou rôtir un poulet. Grâce à la proximité d'Epernay et aux trains de ravitaillement, les victuailles abondaient : on en profita. La vie était dure ; marches de jour ; marches de nuit ; exercice en campagne, à travers les taillis de la forêt de Reims... Et tout cela dans la neige, et le plus souvent dans la boue : mais une boue comme nul n'imaginait qu'il en pût exister ; une boue qui vous montait au-dessus de la cheville, compacte, glissante, rouge dans les sentiers silvestres et amalgamée avec les feuilles et les mousses pourries ; une boue couleur mastic sur les routes. Après ces marches, avec quel appétit n'avalait-on pas la soupe au choux bouillante, la salade au lard et autres succulents plats de Champagne qui s'ajoutaient à l'ordinaire !

Le poste de secours est installé à l'école des filles. Là, se réunissent, chaque soir, les Russes amis de Mitelman. Ils causent, pendant quelques instants, puis invariablement se mettent à chanter. Leurs chœurs à plusieurs voix sont tristes et donnent le cafard à Lindskoc, qui réclame des chansons de café-concert. Une bougie ou deux éclairent la scène. Dehors, c'est le vent ou la neige ou la pluie. A 7 heures, les Russes regagnent leur domicile. On prépare la table de poker. Lindskoc joue comme si la fortune et sa destinée dépendaient d'un coup malheureux. Le médecin auxiliaire et Grant — nommé légionnaire-infirmier à la Dᵉ — scandalisent Mitelman par des histoires et des chansons d'étudiants.

— L'étudiant français, — décrète Gourfinkel, — songe à ses plaisirs et à sa situation ; l'étudiant russe songe à sauver le monde !

Allongé sur la paille, une barbe de trois jours autour des joues, le bonnet de police enfoncé jusqu'aux oreilles, la capote et les souliers recouverts par la glaise de la dernière marche, il monologue :

— Môa, j'aime le luxe, le luxe dans tout ce qu'il a d'ex... cellent ! de raffiné, de cruel ! Je voudrais vivre dans les ameublements décrits par Edgard Poe... Je ne rêve que vitraux, que tentures mordorées, velours noirs, peaux de bêtes, statues de marbre blanc... livres rares ! Je voudrais, au milieu de splendeurs, mener l'existence d'un névropathe ! Oui, avoir une cervelle curieusement malade serait excellent ! Je me ferais servir par des esclaves, car il faut rétablir l'esclavage ! Des musiciens me donneraient des concerts ! Mais j'exclurais de mon répertoire Beethoven et Wagner... toute cette musique de sacristie de démons allemands ! J'écouterais les divines harmonies de Verdi, du divin, de l'incomparable Verdi, musicien des musiciens !

Quand on parvenait à lui imposer silence, il confectionnait, avec des épingles, une chaînette pour son briquet, ou taillait, dans du bois, les figures d'un jeu d'échecs. Il murmurait, de temps à autre :

— Le vin est tiré, il faut le boire !

Neuf heures ! Les pieds enveloppés par les

molletières, la tête serrée par le passe-montagne, les mains gantées, chacun se glisse dans la toile de tente arrangée en sac de couchage. La respiration des hommes, le *croc*, *croc*, *croc* des souris qui grignotent les boules de pain, les cuirs des sacs et des équipements, troublent seuls le silence. De quart d'heure en quart d'heure, l'horloge de l'église sonne. Le timbre de cette horloge rappelle étrangement à Grant celui de l'horloge du lycée de Marseille, et, à tout prendre, il se trouve beaucoup plus heureux, sur la paille du cantonnement, que sur les bancs des classes !

On recevait peu de lettres. Celles que l'on écrivait arrivaient-elles ? Cependant pouvaient-elles se perdre avec une aussi belle adresse :

1ᵉʳ Etranger, 2ᵉ Régt. de marche,
Bataillon D,
Division marocaine,
par B. C. M.

— Zouaves, Tirailleurs, Légion ! c'est classique, ça fait le joint : ça colle !

Chaque dimanche. l'aumônier célébrait la messe. Catholiques et protestants, israélites et orthodoxes se pressaient dans la petite église aux voûtes basses. Autour de l'église, le cimetière. Des tombes de Légionnaires — volontaires des autres bataillons — s'y dressaient. Au bas d'un mur, des croix alignées. Au-dessous des noms qu'elles portaient, se lisait la même date ; il y avait eu une affaire, ce jour-là, dans le secteur.

— C'est peut-être bien là qu'on était destiné à attendre le jour du jugement !

Là ou ailleurs, qu'importe ! L'endroit est triste et charmant. Des plantes, pieusement entretenues par les régiments qui se succèdent, décorent les tertres. Les roses de Noël sont abondantes :

— Preuve que l'hiver sera doux, — affirme le fossoyeur.

— Dieu vous entende, brave homme !

Lettres et colis commencent à affluer. Rien n'a été perdu. Un bon point pour le service postal et pour le vaguemestre, le sergent Daladier, maire de Carpentras et professeur de rhétorique dans un lycée de Lyon. La vie s'organise. On parle des fêtes de Noël. Où les passera-t-on ? Au cantonnement ou aux tranchées ? En attendant, on fait des projets ; on combine des menus ; on invite, pour le réveillon, les bourgeois chez qui on loge, et qui se sont complètement dégelés. Une vieille fermière a un mot magnifique :

— Dame, — dit-elle — [*censuré*] mais vous êtes bien plus drôles, bien plus débrouillards et complaisants !

Tout a une fin ! Il est porté au rapport du 10 Décembre que les compagnies D¹ et D² descendront aux tranchées le surlendemain ; qu'à la même date, les D³ et D⁴ changeront de cantonnement. Le désespoir accable Gourfinkel :

— Ce qui pouvait m'arriver de pire m'arrive. — dit-il à Grant. — Nous allons nous séparer. Mitelman et vous, partez, avec vos compagnies... moi avec la mienne ! Si la D¹ et la D² marchent toujours ensemble, nous ne nous verrons plus, pas même au repos !

— Allons faire nos sacs, mon vieux Gourf !

Des « renseignés » prétendaient que l'on partait pour la grande attaque : on les croyait.

— Faut pas s'en faire ! On est quelques-uns qui boufferont la dinde de Noël à la table du bon Dieu !

CHAPITRE II

Vers les tranchées. — Etude comparée de diverses qualités de boue. — Le nègre Totovaine. — Paysage. — Midowitch et Furlotti. — Les Lapins. — Rencontre au petit jour. — Bouzy. — M. Demière. — Départ.

Vers minuit, quand les compagnies se rassemblèrent, la pluie, qui tombait sans arrêt depuis trois jours, cessa brusquement.

— On a de la veine !

Deux coups de sifflet : en marche ! La nuit est tellement noire, la brume tellement basse que l'on ne distingue ni la route, ni le rang qui précède. Silence. On n'entend que le *flac flac* des brodequins dans la boue, le cliquetis des armes et des munitions, le bruit de pièces d'argent remuées que font, dans leurs caissons portés par des mulets, les cartouches des mitrailleuses. Par instant, un officier allume sa lampe électrique. Puis, de nouveau, c'est la nuit. Les masses des arbres, à peine distinctes de l'ombre, se dressent, comme sortant de terre, pour regarder défiler les hommes. On gravit une côte ; et c'est la pause. On ne sait où mettre les sacs : trop de boue.

En avant! Les yeux se sont habitués à l'obscurité. On reconnaît le paysage. Voici la maison forestière, la sentinelle :

— Bonsoir, les gars !

— Bonsoir, vieux !

Les arrêts sont fréquents. Des voitures de ravitaillement, des cyclistes, des automobiles descendent vers Epernay; les conducteurs demandent:

— Quel régiment?

— 1ᵉʳ Étranger.

— Quel bataillon ?

— D.

Sur son petit cheval blanc, le capitaine Junot va et vient. Il ne veut pas de traînards. Et il n'y en a pas. On rouspète, mais c'est contre la boue, et contre la destinée qui fait aller aux tranchées quinze jours avant la Noël.

— Pour un nom de Dieu de Noël que l'on va passer, ce sera un nom de Dieu de Noël !

— A moins, cependant, que l'on soit relevé dans une semaine, alors ce sera la D³ et la D⁴ qui passeront le nom de Dieu de Noël...

— Mais alors nous passerons un sacré jour de l'an !

— Silence !

Nul ne sait où il est. Une pente rapide: la grand'rue d'un village. Plus de boue : des cailloux sur lesquels grincent les clous des semelles. Le village a l'air abandonné : fenêtres, devantures et portes closes ; dans des murs, d'énormes trous noirs aux bords dentelés ; quelques ruines.

— Bon ! Voilà qu'il flotte, maintenant !

Effectivement, il pleut. La rue pavée donne, par un coude brusque, sur la route de Châlons. Une bise glaciale. A droite, un projecteur s'allume, semble-t-il. Sa clarté vacille, puis s'éteint. Un autre s'allume encore ; puis un autre. Ce sont des fusées éclairantes. Les *nôtres ?* les *leurs ?* on l'ignore. Peu à peu, le vent souffle en tempête, et rend la marche pénible. La bourrasque jette des paquets de pluie à la face des hommes et les aveugle. Cette pluie, cassée en gouttes dures comme des graviers, vient de gros nuages noirs et bas. Les capotes, — les bonnes vieilles capotes bleu-foncé qui se fermaient à double épaisseur sur la poitrine, — ne résistent pas à ce déluge et sont transpercées. Tout le monde claque des dents. Changement de direction, à droite, vers la ligne d'où s'élèvent les fusées. Cinq heures que l'on patauge ! Y en a-t-il pour longtemps ? La boue change de qualité. Ce n'est plus la boue liquide, blanchâtre de la route, mais la boue compacte des sentiers, la boue argileuse. Chaque pas coûte un effort. Une agglomération de formes étranges surgit de l'ombre : un village. Pas une demeure n'est intacte. Dans les hangars remplis de paille, des brasiers rougeoient ; des hommes cantonnent là. Les rafales arrachent des tuiles aux toits crevés.

Des charpentes montrent leurs poutres et leurs chevrons. Un rideau d'arbres et de buissons artificiels masque les mouvements des troupes. A l'angle d'un mur, abritée par un battant de porte, le torse pris dans une peau de mouton, une sentinelle.

— Où est-on, vieux ?

Un nom de village.

— Ça tape dur, hein, vieux, par ici ?

— Peuh !...

— Les vaches !

Et c'est bien la 100e fois que ce petit dialogue s'échange. On tourne dans les rues défoncées par l'artillerie. A chaque moment un : « Nom de Dieu ! » — (ou l'équivalent en russe ou en espagnol) — retentit : c'est un soldat qu'un faux pas a fait tomber dans un trou d'obus comblé par la boue ou par l'eau. Des murailles à demi effondrées, des machines agricoles affectent des formes de monstres.

— Si c'est pas malheureux de voir ça !

On regarde cette désolation. La pluie fait rage. Le village dépassé, longue halte, sous la tourmente. Puis, les compagnies se déploient en tirailleurs et coupent à travers champs. La boue a, maintenant, la puissance d'un élément. La boue des routes, celle des sentiers sous les bois ne sont rien, comparées à la boue des terres autrefois cultivées. On enfonce lentement, sûrement ;

quand on retire un pied pour le porter en avant, on n'a pas rencontré le terrain solide. Une heure de cette gymnastique : halte auprès d'un bouquet d'arbres frêles. Soudain, quatre lueurs rouges suivies par quatre détonations rageuses, déchirantes ! C'est une batterie de 90 qui sonne matines. Quelques secondes après, nouvelle rafale, puis un cri :

— Ze souis toussé !

Un homme, en glissant dans un trou, a heurté avec le canon de son fusil un Légionnaire sénégalais. Le nègre perd l'équilibre, s'affole, se croit blessé et hurle :

— Môssieu Mazor ! Môssieu Mazor !

Les camarades le remettent sur ses jambes. L'incident s'explique. Le nègre éclate de rire :

— Zé cru que Totovaine, l'était mort !

— Silence ! — ordonnent les chefs de sections.

Il faut savoir ce que sont devenues les voitures. Si elles ont suivi à travers champs, ce sera du propre ! Mais on les entend rouler sur la route. On entend aussi le *flou, flou, flou* des balles à bout de course.

Devant les compagnies, une masse noire s'avance : le bataillon relevé. Dix minutes de marche et on saute dans un boyau, tranchée de deuxième ligne que doit occuper la D² ; la D¹ monte en première ligne.

Ceux qui ne sont pas de corvée envahissent les

abris ; et sans un poil de sec, éreintés par huit heures de marche en pleine boue, les épaules sciées par les courroies des sacs qu'ils n'ont pas quittés, les hommes s'entassent les uns sur les autres et s'endorment.

— Debout ! là-dedans ! Vous vous croyez donc en villégiature au Riviéra Palace !

Le jour se lève à travers une brume légère. Les corbeaux croassent. De la banquette de tir on découvre le paysage. Face à l'ennemi, un réseau de fils de fer ; puis un champ de betteraves ; puis une route — la route de Cambrai — le long de la route bordée d'arbres dont le plus grand nombre est cassé, six bâtisses démolies : les dépendances de la ferme des Marq... où sont installés, dans des caves, les téléphonistes, le poste de secours, et le commandant du sous-secteur. Les fossés de la route balayée par la mousqueterie sont transformés en boyaux menant à un autre système de défense ; devant les six bâtisses délabrées. s'étend un nouveau champ ; puis les tranchées de premère ligne ; plus loin, les hauteurs occupées par les Allemands.

— Leur tournant le dos, on aperçoit les champs boueux traversés à l'aube ; trois énormes gerbes de blé en gerbes ; et, derrière elles, les ruines du village de Pru.., centre du secteur. A droite et à gauche du village, des bois où sont défilées les batteries. Deux couches nettement séparées composent le terrain. La première, épaisse de 80 centimètres, est en terre qui servait, jadis, à faire pousser les céréales, et qui, aujourd'hui, fournit la boue ; la seconde couche est crayeuse et dure : c'est ce qui explique pourquoi le fond des boyaux est relativement propre. Mais il faut les nettoyer et les approfondir. On distribue aux sections les nouvelles armes du fantassin : la pelle et la pioche.

Et l'artillerie commence son travail quotidien. Les Allemands bombardent, successivement, les tranchées, les fermes, les taillis, les villages et les routes. Dès les premières salves, les hommes lâchent leurs outils et regardent éclater les obus. Nos canons ripostent. Sur la trame de l'air, les projectiles filent et se croisent comme les navettes sonores de quelque gigantesque métier. Il en va ainsi jusqu'à la tombée de la nuit. Alors, la fusillade crépite jusqu'à l'aube.

Pas d'autre divertissement, en deuxième ligne, que les corvées (transport de rondins, de paille, de rouleaux de fils de fer, de vivres, de munitions) et la visite des aéroplanes. Chaque fois que se montre un taube ou un aviatick, un ordre retentit :

— Tout le monde dedans !

Les hommes obéissent, mais pour ressortir, peu après, afin de suivre les combats aériens et les évolutions des appareils au milieu des flocons blancs des shrapnells.

A la boue, à la pluie, s'ajoute un troisième

fléau : les rats. D'admirables mulots, parfaitement apprivoisés et gros. Les gerbes de blé placées sur les rondins qui forment le toit des abris, les fromages, les boules de pain, les cuirs graissés des équipements les nourrissent. Ils veulent même goûter à la chair humaine, et mordillent le nez et les oreilles des dormeurs.

La D² possède deux phénomènes : l'un Italien, l'autre Russe. L'Italien, Furlotti, ouvrier mécanicien domicilié à Paris depuis de nombreuses années, est surnommé Paschino ; le Russe, Midowitch, cordonnier, également domicilié à Paris, est surnommé, par ses compatriotes, Pétrouchka. Chacun, selon sa race, représente un type de bouffon.

Midowitch est doué d'une merveilleuse voix de basse et du talent d'imitation. Il improvise, en outre, inspiré par les événements du jour, des farces dont il tient tous les rôles. Les jeux de sa physionomie, les sons inattendus qu'il tire de sa gorge, ses gestes, ses contorsions, l'esprit de ses remarques sur les uns et les autres, sa façon de mêler le russe au français et l'espagnol à l'italien, donnent à ses inventions un irrésistible comique. Ses traits rappellent exactement ceux du masque classique du Dante. Il en est fier, car on lui a appris qui était le Dante. Quand le sergent Charles, exaspéré par le manque de sommeil et les difficultés du service, le traite de « ballot », Midowitch contracte sa face et réplique :

— Moi pas ballot, sergent ! Moi le Dante !

Et le regard effaré, la bouche tordue, les mains crispées, il scande sur un mode tragique, et en leur imprimant un rythme de mélopée, des séries d'injures italiennes et espagnoles. Il renouvela ses facéties en toute occasion, jusqu'au jour où il se fit bravement tuer à Neuville-Saint-Vaast, son Lebel en bandoulière, son poignard de tranchée à la ceinture et ses grenades à la main.

Furlotti divertissait par des procédés différents. Il se contentait de raconter ses aventures amoureuses et celles de ses maîtresses. Il apportait dans le récit de ses invraisemblables exploits l'entrain d'un Casanova de bastringue et d'atelier, le cynysme d'un Faublas de bistro. Nul doute qu'il n'inventât bon nombre de ses histoires, mais alors il fallait lui reconnaître de l'imagination. Ses fanfaronnades l'obligeaient à être téméraire, et il l'était. En plein bombardement, trompant la surveillance, au mépris des ordres, il sortait hors de la tranchée, rampait en terrain découvert, déterrait des fusées ou des obus non éclatés.

Un matin, comme l'artillerie allemande tapait avec plus de violence que de coutume sur les batteries cachées dans les bois, il s'échappa, des fourrés, quantité de lapins affolés. Soudain, au milieu des champs apparaît Furlotti qui, armé d'un gourdin, en assomme une dizaine. Furlotti choisit les quatre plus beaux, et les offre triomphalement au capitaine Junot qui lui octroie, à son grand regret, quatre jours de prison.

— Alors, est-ce que j'emporte les lapins, mon capitaine ? Vous ne faites pas l'honneur de les accepter au pauvre Furlotti, qui a exposé sa vie pour les tuer et qui va aller en prison pour la première fois !

— Laisse là tes lapins, et fous-moi le camp !

— Ça veut dire que Furlotti ne sera pas bouclé, — murmura-t-il assez haut pour être entendu par le capitaine.

De punition, il ne fut plus parlé.

Au rapport : « *Les Compagnies D³ et D⁴ relèveront, à 6 h. du matin, les compagnies D¹ et D² qui iront cantonner à Bou...* »

Plus que 24 heures à passer sous la terre ! Et la pluie se met à tomber. Une pluie telle que personne ne s'aventure dans les boyaux, véritables ruisseaux de boue, qui, lentement, s'écoulent dans les abris. L'interminable journée ! Comme des tranchées à Bou..., il y a 35 k., on essaye de dormir.

A minuit, un craquement lugubre et des cris. Un tiers de la cagna s'effondre, ensevelissant Grant et huit hommes : pas moyen de remuer. Par une telle obscurité, sous une telle averse, il n'est pas commode de les dégager. Un madrier, un rondin déplacés mal à propos peuvent amener un nouvel éboulement. La lampe électrique du lieutenant simplifie la besogne. Tout le monde est sauvé. Rien de cassé. Simplement quelques douleurs de nuque ; quelques bourdonnements d'oreilles. Personne ne cherche à le nier : on a eu très peur. Etre réveillé par le coup de massue de quelques mètres cubes de boue épaisse qui lui dégringolent sur le crâne et les jambes est une impression que l'homme, eu égard pour les conditions normales de sa vie, est excusable de ne point trouver naturelle et plaisante.

Le lendemain, la relève s'opérait, sous la pluie.

Sur le bord d'un sentier, dans le petit jour, une ombre se dresse. Grant reconnaît Gourfinkel et s'avance vers lui :

— Eh bien, mon vieux Max ?

— J'ai perdu ma compagnie.

— Droit devant vous, à travers champs.

— Dans cette boue !

— Avez-vous peur de vous salir ?

Il s'examine : ses brodequins, ses molletières, les pans de sa capote sont en terre blanchâtre.

— Nous ne passerons pas Noël ensemble, mon cher Grant. Nous ne serons jamais plus ensemble ! A propos, j'ai reçu de la part de votre femme un colis pour Noël. Je vais lui écrire ; mais dites-lui bien que ce présent a arraché des larmes aux yeux de Max Gourfinkel. Il y avait dans ce colis le drapeau russe et des souhaits de bonheur en russe ! Au revoir, Grant... Mais dites-moi quels sont ces petits bruits que nous entendons...

— Des balles, des balles perdues.

— Tiens, c'est comme un bruit d'aile d'oiseau nocture, ne trouvez-vous pas ?

Ils se quittèrent. Grant se retourna et, pendant quelques secondes, suivit des yeux la silhouette du doux rêveur Max Gourfinkel, pataugeant vers les tranchées.

*
* *

Etre en plein air, avec l'espace libre devant et derrière soi, à sa droite comme à sa gauche, après dix jours de circulation dans les boyaux, quelle ivresse ! On avance sur des routes inondées, sous une pluie battante, qu'importe ! Le bruit du canon décroît peu à peu. Bientôt, c'est le silence de la campagne. Les hommes chantent, marchent sans se presser, courbés sous le poids des sacs et des vêtements que l'eau alourdit, appuyés sur de hauts bâtons. Encadrés par les passe-montagnes, les visages apparaissent noircis par la crasse et les barbes longues. La boue botte les jambes. L'étrange défilé ! Les bidons et les musettes sont vides : on fume. Enfin, c'est Bouz... !

— Bouz... ! C'est le rêve !

Les hommes cantonnent dans de vastes constructions bâties pour les vendangeurs. Ils dorment sur des bas-flancs garnis de paillasses ; mangent dans des réfectoires assis sur des chaises, des tables devant eux ; ils se lavent dans des lavabos où l'eau abonde. Des douches sont vivement installées, les capotes, molletières, brodequins grattés au couteau ; et, le lendemain, erraient dans les rues de Bouz... des Légionnaires en uniformes propres, barbes rasées, moustaches taillées et brodequins cirés.

Tout à coup, la température baisse. Plus de nuages. Ciel bleu ; dix degrés sous zéro. La boue est gelée. L'annonce d'une marche de bataillon est accueillie avec joie. On marche avec plaisir, avec entrain. La Marne est traversée sur des passerelles improvisées, à côté des ponts détruits. Puis, sauf les corvées indispensables, repos absolu ; pas de peloton de punis. A la moustache du commandant, on voit qu'il est satisfait. Il sait que bon nombre de ses hommes ont une « chambre en ville » ; comme le service n'en souffre pas, il ferme les yeux.

M. Demière, gérant d'une maison de vins de Champagne, offre à M. Chazal, à Grant et à Mitelman les chambres qu'il a déjà mises à la disposition de Lindskoc et de Gourfinkel. Ce dernier, pendant son séjour à Bouz..., a raconté aux petits Demière de surprenantes histoires de lutins et de fées.

C'est chez M. Demière que se célébrera la Noël ! Il ira à Epernay en voiture, et achètera des huîtres, des poulardes et des pâtés.

Dans une ruelle, deux hommes se promènent tristement, alors que tous leurs camarades sont au café. Ce sont deux Cosaques brancardiers. M. Chazal les aborde :

— Que faites-vous là ?

D'abord, ils ne répondent pas, puis :

— Rien, Monsieur le major.

Et le médecin-auxiliaire comprend pourquoi ils ne « font rien » ; il sort un billet de 20 francs de son portefeuille et le leur tend :

— Il faut boire la veille de Noël... il faut être gai... ne pas avoir le cafard !

Ils hésitent, mais acceptent enfin.

— Nous avons tout dépensé, nous ne recevons rien de Russie.... ni lettres, ni argent...

— Et vous restez là, au lieu de m'en demander...

— Nous n'osons pas, Monsieur le major !

— Allons, bonnes fêtes, Cosaques !

Ils répondent par une phrase russe.

Comme il fait bon et sympathique, chez les Demière, dans cette vaste pièce qui sert à la fois de cuisine et de salle à manger ! Autour de la table, le « patron », sa femme et ses trois

enfants ; le médecin-auxiliaire ; Grant ; Mitleman ;
Laurent, un planteur javanais, venu du Pacifique
en France, pour s'engager ! Blondell, un Suédois
Pendant que l'on gobe les huîtres, on voit tourner,
sur la cuisinière de fonte ornée de cuivres scin-
tillants, les poulardes dorées et qui embaument.
M. Demière parle de la guerre. C'est à lui que
les Prussiens se sont adressés, pendant l'occupa-
tion de Bouz...

Après le repas : messe de minuit. Ciel pur,
belle lune claire... et aux carillons des cloches se
mêlent les détonations lointaines et sourdes de
la grosse artillerie. Par un temps aussi lumineux
il serait criminel de laisser dormir les Bavarois.
L'église est pleine. Civils et militaires chantent
les bons vieux cantiques de Noël ! C'est évidemment très beau, très touchant ; mais cela ne vaut
rien de s'attendrir :

— Ça fout le cafard. On pense à la famille !

Au cantonnement, fort heureusement, on retrouve la gaîté — la gaîté de guerre — un instant
chassée par une descente dans les régions secrètes
du cœur.

— Tendez vos quarts, les gars ! Approvisionnez ! Demain c'est encore fête !

Le lendemain, il y a un nouveau convive à la
table de M. Demière : la femme du légionnaire
Blondell. Elégante et charmante, elle arrive de
Paris, munie d'un passeport très en règle. Pour

être plus tranquille, elle revêt un costume à demi-paysan, et ce déguisement la rend plus délicieuse encore. Mais 24 heures sont bien vite passées ! Demain, on retourne aux tranchées. Il est dit au rapport que les hommes seront « allégés » ; moins de cartouches, moins de vivres de réserve ; les voitures porteront les couvertures et les toiles de tente. Pas de doute, le grand coup ne peut tarder. Et c'est dans cet espoir que l'on reprend le chemin du secteur. Il ne pleut pas ; le vent souffle. On amène un chien pour chasser les rats !

CHAPITRE III

En première ligne, aux « Marquises ». — Lindskoc. — Les chasseurs. — La pompe. — Les cuisines. — Paysage. — Un tirailleur. — Pelle ; pioche ; pluie ; boue. — Patrouilles. — Sans bougies. — Carnaval. — Un article de Sem. — Au Canal. — Au 118ᵉ territorial. — Le sergent Gelmini.

La route est dure ; le froid vif ; il fait bon marcher. Les Russes, sous la direction de Midowitch, entonnent en chœur une valse populaire *La Doubinouchka*. Une autre section hurle : — *Au jardin de mon père, Les lilas sont fleuris !...* — Puis voici la route de Châlons...

La D¹ reste en 2ᵉ ligne ; la D² continue à travers champs. On ne patauge plus dans la boue ; on se heurte contre des mottes de terre et contre des betteraves gelées. Près de la grand'route : halte. Pas de fusillade. Le paysage est horrible et grandiose. Autour d'un morceau de lune tournent de grands nuages noirs dont les ombres passent sur le sol défoncé. Les Marquises, Prunay, la Maison rouge profilent, sur les parties limpides du ciel, les formes fantastiques et nettes de leurs murailles effondrées. Le vent siffle dans les réseaux de fils de fer, les ruines et les arbres, comme dans les agrès d'un navire. A gauche, au loin, des lueurs rouges vacillent, de temps à autre, suivies de détonations. Des soldats murmurent :

— C'est du côté de Reims : c'est sur la cathédrale !

En avant, en tirailleurs ! Les sections ont cent mètres à parcourir avant de prendre le boyau qui longe la route et mène aux tranchées ; elles bordent les restes d'une immense ferme : la Ferme bleue. Près d'un hangar ruiné sous lequel s'abritent, tant bien que mal, les cuisines, Grant, dans un groupe qui attend l'ordre de départ, reconnaît Lindskoc.

— Eh bien, vieux !

— Je suis malade, mon cher Grant, très malade — sa voix est faible, sèche, brisée par des accès de toux creuse qu'il étouffe dans un cachenez. — J'ai la fièvre... je ne me tiens plus debout... une bronchite ! Nous avons eu un froid terrible... au travail toute la nuit... j'ai toujours eu la poitrine délicate... Je ne sais pas si j'arriverai à Bouzy !...

— Veinard ! vous allez être évacué sur Paris ! — réplique Grant en manière de consolation.

— Et si je tombais dans un hôpital avec *mon* femme pour infirmière !

— Allons, vieux, ne vous faites pas de bile !

— Je me sens très mal !

— Ecrivez-moi...

— Tenez, voilà notre demeure.

Il indique à Grant, sous un amas de décombres, un trou devant lequel se devinent les vestiges d'un escalier. Grant et deux de ses brancardiers trébuchent sur quelques pierres de marches, et se trouvent dans une cave basse, étroite, où dorment des hommes enroulés dans leurs manteaux.

— On vous réveille ! C'est la relève.

— Pas de mal ! Quelle heure ?

— Cinq 1/2.

— Nous partons à 6. Eh ! Langlois, Lamblet ! Debout !

Ce sont les brigadiers d'un détachement de chasseurs d'Afrique démontés.

Dans un réchaud, des boulets de charbon se consument.

— Y aura-t-il de quoi faire chauffer le jus ? Non ! Zut !

Une toile de tente est alors tendue, masquant l'orifice de la cave, pour que la lueur du feu attisé ne soit pas visible, au dehors. Il y a du café pour tout le monde. Grant offre de l'eau-de-vie ; M. Demière, au moment du départ, a versé dans son bidon une bouteille de vieux marc de Champagne. Quelques mots sont échangés sur le « nom de Dieu de temps » ; la toile s'écarte :

— Allons, là dedans ! c'est l'heure !

— On y est, chef !

Et serrant la main de Grant et des deux Russes :

— Au revoir, les poteaux !

— Au revoir, brigadier !

Et les nouveaux locataires de la cave s'endorment, réchauffés par le brasier et par l'eau-de-vie. Le lendemain, réveil sous la pluie — une pluie diluvienne qui dura pendant tout le séjour. Dans le secteur, pas de distractions possibles. — Les balles, sans arrêt, effleurent la crête des parapets. Quiconque désire regarder ce qui se passe chez le voisin d'en face n'a qu'à s'installer aux créneaux de tir. En se glissant derrière des charrettes et une moissonneuse qui forment barrage, on a un beau panorama des lignes ennemies. Elles se dessinent, à 100 m. de là, à flanc de coteau, sous de petits bois de sapins. En terrain libre, entre les réseaux de fils de fer, flottent au vent les drapeaux plantés par les patrouilles. A l'opposé, par une large brèche, s'aperçoivent le village de Prunay et ses trois meules de blé. Les Allemands ont occupé la Ferme bleue. Ils savent, par conséquent, qu'il s'y trouve une pompe fournissant abondamment de l'eau assez potable ; aussi leurs feux de mousqueterie traversent-ils la cour continuellement. La pompe est intacte ; elle a résisté à tous les bombardements. Pour la protéger : des plaques de tôles et des rondins. Le mécanisme est soigneusement huilé. Des tresses de paille garnissent les tuyaux. Cette pompe est l'âme de l'endroit C'est là que se rencontrent les zouaves, les tirailleurs et les légionnaires. Ils viennent des secteurs voisins, chargés de bidons qu'ils remplissent ; ils profitent de l'occasion pour faire un brin de toilette. Là se racontent les histoires de la semaine ou du jour : sorties ; patrouilles amusantes; farces jouées aux Boches ; chasses aux lapins ou aux faisans. Les mitrailleurs qui sont le peuple le plus libre de la terre, les fusillent, le jour, et vont les ramasser, quand la nuit tombe, à l'heure où ils débouchent les créneaux de leurs machines. Elle est superbe, la section de mitrailleurs du bataillon, composée comme elle l'est de Scandinaves et de Russes, tous gaillards nets de figure et hauts de taille.

Autour de la pompe, les Légionnaires entrent en relation avec les Marocains que les conditions nouvelles de la campagne n'enthousiasment pas.

— Ecoute, mon z'ami, ça pas la guerre ! Toi chez toi... moi chez moi. Toi jamais sortir... moi jamais sortir. Toi jamais rencontrer moi... moi jamais rencontrer toi ! Qu'est-ce qui c'est ? rien di tout ! Travailler, toujours pelle et pioche !... pourquoi li faire !... Rien di tout !

Puis, les plaisanteries commencent :

— Makach fatma, hein, tirailleur ? Makach mouquère ?

— Oui.. oui, boucoup fatma — et avec une grimace : — fransouze fatma !

— Elles sont jolies, les fatmas françaises ?

— Oui, camarade, boucoup zoulies ! Ma arabe fatma, boucoup zoulies, tu sais, mon z'ami !

— Attention, tirailleur ; toi, en France, trouver jolie fatma... ta fatma trouver, là-bas, joli tirailleur.

— Non, camarade, non ! Fatma du tirailleur, avec papa et maman du tirailleur, là-bas, au douar !

— Makach kouskoussou, aux tranchées ! On te fait manger du cochon !

— Jamais, camarade ! Défendu !... Jamais manger alouf ! Capitaine boun garçoun.. acheter boucoup moutons pour tirailleurs... alkif, mon z'ami ! Moi bien li counnaître li moutons... moi berger !

— Au revoir, *Croïa* !

Ce mot signifie « mon frère. » C'est ainsi que les zouaves et les légionnaires appellent leurs compagnons, les tirailleurs. Ce titre les enorgueillit extrêmement.

— Au revoir, mon camarade... toujours travailler... toujours en avant... ma ça fa rien ! Boches... tas de salauds !

Et le Marocain blanc de boue, sous la pluie, regagne son secteur et traverse le hangar des cuisines. Il y règne une grande animation. Certains sous-officiers, les secrétaires, les cyclistes, tous ceux qui étaient en corvée au moment de la soupe viennent y prendre leur repas, et l'améliorer. La viande bouillie, jetée sur la braise, se change ainsi en rumsteck cuit à l'anglaise ; et il est bien rare que les cuisiniers n'aient pas, pour leurs amis, un peu de graisse, quelques oignons qui assaisonnent excellemment la bidoche du frigo. Mais, si en ranimant les foyers de la fumée s'élève, cela ne rate jamais : six obus dans les parages des marmites ! Aussi est-on d'une prudence exagérée ; non par terreur des bombes allemandes, mais parce que sur le chapitre « fumée et lumière » le capitaine est impitoyable. Ce qui fait enrager les hommes, par exemple, c'est qu'en face, les Boches ne se gênent pas. Dès le matin, le long de leur première ligne, la fumée monte en tourbillons que la pluie rabat vers le sol. Et nous les laissons faire leur popote et se chauffer en tranquillité ! Pourquoi ?

— Parce que, tas de ballots, — explique le sergent Charles, — il n'y a personne dans leur première ligne. A l'aube, leurs corvées allument, de distance en distance, des paquets de paille humide... puis ils remontent se les rouler, plus haut, en seconde ligne, dans le roc. De la frime, leur feu ! à quoi bon gaspiller les minutions ?

Mais on tombe d'accord. Nous ne gaspillons pas nos munitions. Pour un obus que nous envoyons, les Allemands nous en expédient une douzaine. Il est vrai que c'est de la camelote.

— Avant hier, sur dix-huit... je les ai comptés, — dit un sergent mitrailleur, — trois seulement ont éclaté.

Il s'ensuit une discussion sur la valeur de l'artillerie ennemie. Pour l'instant, le 88 autrichien, le 105 fusant sont déclarés « de la bonne drogue. »

— En somme, ce qu'ils ont de mieux, c'est les 120 français, pris à Maubeuge, — concluent des artilleurs.

Mais où sont les 220 dont on voit, partout, les entonnoirs ?

— Patience, — dit un mitrailleur de rempart qui habite le secteur depuis sa fondation, — ils reviendront... Ces messieurs voyagent par rail spécial.

A côté des leçons de stratégie et de balistique, monte le chœur des plaintes et lamentations. On rouspète ferme, mais avec bonne humeur, d'abord contre la flotte, puis contre le travail :

— Non, mais là, franchement, croyez-vous que c'en est une, d'existence !

Après la soupe du soir, l'arme à la bretelle, les outils sur l'épaule, on part. On enfile des boyaux... on se cogne la gueule contre la pelle du copain qui vous précède... on enfonce sa pioche dans l'œil de celui qui vous suit... défense de parler, de fumer... on a de la bouillasse jusqu'aux genoux ! Enfin, on arrive en terrain découvert. La séance débute par la réparation des dégâts causés par l'artillerie ennemie : boyaux comblés, cagnas démolies, fils de fer détériorés... puis on creuse de nouveaux boyaux... et de nouveaux abris à cinq mètres sous terre : une nouvelle ligne qui se prépare... Parfois une fusée : tout le monde à plat ventre ! Et une volée de balles passe par-dessus ! Au début, on hésitait avant de s'allonger dans la mélasse ; maintenant, on y va de tout son cœur. Il suffit de se rendre compte qu'il arrive un moment où il est impossible de devenir plus sale. Cette constatation faite, on réduit de 99 pour 100 les chances d'être amoché ! Des ombres s'avancent : ce sont les sentinelles qui se replient. Une heure, immobile à regarder devant soi ! Il vaut mieux manier les outils ! Cela réchauffe ! Les officiers, qui pourraient fort bien dormir dans leurs abris, sont là, avec leurs hommes. Le petit lieutenant Vives, blond et rose, imberbe, le col de la capote relevé, le képi sur l'oreille, les mains dans les poches, se moque avec une telle verve de ceux qui ont peu de cœur à l'ouvrage, que chacun rit et travaille avec entrain. Il donne l'exemple. Sa force étonne. Le lieutenant Ceccaldi — grande barbe noire de prêtre assyrien — distribue des cigares et des cigarettes : « Allons, mes enfants, nous irons bientôt au repos ! Et là, rien à faire ! » Il n'a jamais puni un de ses hommes. Il se rattrape sur les caporaux et les sergents : les responsables ! Au milieu des groupes de travailleurs apparaît fréquemment la fine silhouette du capitaine Junot escorté par ses agents de liaison.

Voici les patrouilleurs : ils ont rempli leur mission ; planté un drapeau français à la place du drapeau allemand qui flottait entre les lignes. Demain, les Allemands essayeront d'enlever le drapeau tricolore. On les attendra, dans un trou d'obus, ou derrière un paquet de gerbes de trèfles. La patrouille sera intéressante. D'ailleurs, les patrouilles sont toujours intéressantes. Le silence de la plaine si impressionant, si tragique, après les feux de mousqueterie et de mitrailleuses ; la fixité avec laquelle on observe, devant soi, un détail du terrain, hallucinent les cervelles. Tout bouge, tout remue, semble-t-il, imperceptiblement. Le sentiment qu'une forme immense et terrible va surgir, comme une vague, exaspère les nerfs. Et pour peu que les *autres*, en face, vous lâchent une salve, on y va de son coup de fusil : cela soulage, cela brise le sortilège !

A 4 h. du matin, il faut recouvrir de terre noire la ligne blanche de la craie retournée. Vers 6 h., retour, café, repos. Après onze heures de bossage, c'est pas volé !

*
* *

... Nous menons une vie de terrassiers. Aux rats, à la boue, à la pluie qui ne cessera qu'à la fin du monde ou de la guerre — ce qui est peut-être la même chose — s'ajoute un autre désagrément : l'obscurité ! L'état des routes ne permet pas au ravitaillement de fonctionner comme il le devrait ; nous n'avons pas de bougies ! Mais on devient ingénieux. Nous faisons fondre, pour nous éclairer, la graisse de notre viande — et Dieu sait s'il y en a ! — et nous la versons, une fois liquide, dans des boîtes vides de conserves. Un bout de chiffon sert de mèche ; et voilà un fameux lumignon ! A sa lueur rougeâtre, nous ressemblons, dans notre cave, avec nos passe-montagnes, nos cache-nez et nos vêtements boueux, à des pirates dans leur repaire.

.... Avant-hier, grande manifestation d'artillerie. Pendant une heure, embrasement des lignes. Nos obus ont incendié un boqueteau : c'était superbe ! Pas un mort, pas un blessé à la compagnie !

Des murs et des toits se sont effondrés. Quel lamentable spectacle dedans ! Des machines à coudre, des berceaux, des meubles pleins de lingerie et de vaisselle.

...... L'autre soir : surprise ! Nous voyons, tout à coup, dans la tranchée, une dame vêtue de satin bleu pâle, coiffée d'un chapeau à plumes et jouant avec un éventail. Un gentleman en haut de forme et frac l'accompagne. C'est Midowitch et Furlotti. Ils ont déniché dans une armoire éventrée ces défroques magnifiques et, profitant de l'absence des officiers, les ont endossées. Ce que je raconte là est peut-être stupide, mais je ne me souviens pas d'avoir autant ri !

...... Quelle fête ! Dans un des colis que je viens de recevoir : deux bougies ! Quelles belles flammes répandent ces bougies sublimes ! Quelle tristesse, s'il avait fallu manger ce jambon glacé, ce pâté de foie gras, ce bon fromage de Hollande, à la lueur de nos lampions de graisse ! Nous fumons nos cigares, étendus comme des pachas, et nous n'avons qu'à allonger nos mains pour saisir notre quart de café bouillant et notre petit verre de Bénédictine ! Cette Bénédictine, quelle trouvaille ! Je suis allé dans la boue et sous la pluie, en offrir un verre aux sergents Charles et Ostache. Le père Charles en a été ému jusqu'aux larmes ! A l'aube nous serons relevés.

Le peintre Sem a rencontré, sur une route, un bataillon qui sortait des tranchées. Il le décrit ainsi :

Mais voici que du fond du ravin surgit, dévale vers nous une cohorte de spectres blafards, d'êtres impossibles à définir. A cette distance je ne puis encore distinguer ce qu'est en réalité cette livide apparition. On dirait une procession de pénitents, de trappistes revêtus de frocs de bure blanchâtre. Cela approche et se précise. Est-ce une équipe de puisatiers qui émerge de ce cratère de fange où se répercutent les détonations étouffées des canons ? Tout à coup je reste muet d'étonnement. Je me sens glacé par une horreur héroïque, car je commence à deviner. Ils avancent en une longue file qui ondule dans les ornières profondes. Ils sont plus de trois mille. La horde roule comme un torrent de limon, agité de remous ; bientôt son flot submerge notre auto, calée par ce flux de boue qui marche. Je suis pris d'une émotion indicible, la plus forte émotion de ma vie. Les voilà ! Les voilà ! C'est la relève des tranchées ! Ce sont les soldats qui viennent de passer dix jours et dix nuits dans les tranchées de B... Ah ! quel spectacle ! Rien, vous m'entendez bien, rien, ni les dessins, ni les photos, ni les descriptions, ne peut donner une idée de cette terrifiante et sublime réalité. Quelle épopée ! Les sanglots me suffoquent ; je voudrais les acclamer, ces braves gens, mais les mots s'étranglent dans ma gorge.

Comment vous les dépeindre ? Vous vous rappelez les objets recouverts d'une couche pierreuse que nos parents rapportaient autrefois d'une visite aux sources pétrifiantes d'Allyre ? Eh bien, c'est exactement cela.

Leurs képis sont des mottes de terre, leurs passe-montagnes en tricot des cottes de mailles, leurs fusils des pioches de terrassiers, leurs sacs des blocs de mortier comme en portent sur leurs épaules les maçons. Les couvertures roulées en bandoulière font penser aux vieux pneus terreux abandonnés le long des routes. Toutes les saillies de leur équipement : épaulettes, boutons, ceinturons, bidons, musettes, cartouchières, sont mastiquées de glaise. De leurs barbes, de leurs moustaches pendent des stalactites, et, sous leur cagoule de boue, luisent des regards de loup. Un pieu dans leur main gantée de fange, à la façon des hommes primitifs, ils marchent héroïquement tout d'une pièce dans leur carapace, faisant jaillir dédaigneusement sur ces civils qui les regardent passer la boue gâchée par leurs pieds lourdement bottés de terre, et des écailles tombent de leurs capotes à chaque enjambée. Sous leur enduit ils ont tous l'uniforme bleu horizon, mais verdi par l'usure. Cette teinte verdâtre, qui apparaît par place sur leur poitrine, à travers les craquelures de la tourbe, me donne illusion qu'ils portent ces cuirasses oxydées, rongées de vert-de-gris, dont sont revêtus les chefs gaulois que les archéologues exhument des sépulcres sous les murs de l'antique Alésia.

Ah ! si ces soldats, tels qu'ils sortent des tranchées de Champagne, revêtus de cette terre de France qu'ils défendent héroïquement, pouvaient défiler, un glorieux jour de printemps, sur les Champs-Elysées, quel délire ! On baiserait la trace de leurs pieds boueux. On croirait voir passer, descendus de l'Arc de Triomphe, les régiments de pierre de la Grande Armée et voler au-dessus de ces légions de statues en marche l'immortelle *Marseillaise* de Rude.

Tout le monde est furieux, de mauvaise humeur et grogne :

— Si c'est pas malheureux de voir ça ! Après les 10 jours qu'on vient de s'appliquer aux Marquises, comme si on n'aurait pas pu nous envoyer au repos dans un village... histoire de se décrotter et de laver son linge !

Le fait est que l'endroit est particulièrement odieux. A 1 kilom. des tranchées, le long du canal de la Marne à on ne sait pas au juste quel fleuve. En contre-bas du chemin de hallage très élevé, s'adossent des abris recouverts de terre et de roseaux pourris. Ces abris sont bas ; on y circule à quatre pattes. Dans la paille hachée menu, la vermine grouille. Il pleut, là-dedans, comme au dehors ; on tend les toiles de tente. Les plantes aquatiques décomposées dégagent une odeur nauséabonde. Les eaux glacées du canal emprisonnent une quantité invraisemblable de vieilles capotes, de pantalons, de brodequins, de boules de son et de carcasses d'animaux. Un chemin de boue passe devant les abris ; comme on ne s'y enfonce guère que jusqu'à la cheville, il est fréquentable ! Mais après ce chemin s'étale une mare noire ! On la traverse, sur des monticules de pierres, pour parvenir à la hutte de peaux rouges affectée aux cuisines.

— Ah ! ce n'est pas le rêve ! On serait si bien, en face !

En face, sur les hauteurs de la forêt de la montagne de Reims, les jolies maisons du gros village de Verz... vous narguent ! Leur ensemble forme, au milieu des arbres noirs de la forêt, une tache ovale et blanche...

Au Canal, pas d'autre distraction que d'assister aux bombardements. L'emplacement forme angle mort ; on ne risque rien ! L'ennemi arrose le paysage avec méthode. D'abord, la ferme de l'Esp... où habite le brave général Pein et son état-major. Les constructions sont mal repérées. Les projectiles les encadrent, mais ne les atteignent pas. Ensuite, c'est le tour des batteries de Pru... Sur elles, le tir est d'une précision extrême. Mais, pour détruire les abris des pièces ou des munitions, il faudrait au moins des 220, affirment les artiflots... Quant aux indigènes de Verz..., on ne se « bile » pas pour eux. Ils encaissent bien, chaque jour, de 40 à 50 obus, mais ils ont, pour se réfugier, des caves somptueuses, creusées à 20 mètres sous terre, maçonnées, meublées, éclairées.

Autre distraction : le chemin de Pru... où défilent les corvées, les blessés et le ravitaillement. On sait, ainsi, ce qu'il advient aux compagnies qui sont aux tranchées. On apprend que le bataillon est attaché à un des sous-secteurs de Reims ; que l'état-major, le commandant et le poste de secours sont installés, au petit bonheur dans les ruines de Pru... Cette nouvelle enchante Grant. Les compagnies marchant, désormais, ensemble, il reverra ses camarades au cantonnement. Il demande au lieutenant l'autorisation d'aller à Pru... pour organiser son service. Mais les bombardements y sont d'une violence telle que l'accès de la route est interdit. Pour la franchir, un billet, signé par le capitaine, et le mot d'ordre sont obligatoires. Aussi les malades du bataillon vont-ils, au Canal, passer la visite chez les territoriaux — le 118e, — dont un bataillon — pour les travaux et la garde — fait partie de la division marocaine. La compagnie du 118e actuellement au repos cantonne dans un petit bois de sapins clair-semés, qui domine l'emplacement réservé à la Légion. Les chemins sont sablés, les abris solidement construits et vastes. Certains ont des fenêtres munies de vitres. Tous les hommes sont Provençaux ; ils ont baptisé leurs gourbis : « leï forces pas », — « leï faï tira », comme les cabanons de la Pointe rouge ou de Sormiou, dans la banlieue de Marseille.

Le médecin-chef habite un véritable châlet en rondins. Sur un pilier : les noms de ceux qui l'ont édifié. Ce sont des Marseillais ; Grant les connaît. Ils parlent de Marseille ! Le major interrompt l'entretien. Le docteur Clavel est de taille moyenne, brun, de bons yeux marron, de fortes moustaches, une barbiche noire. Il est émerveillé d'avoir des Russes à soigner. Il les interroge sur leur pays, leur métier et leur famille. Il se tourne vers son caporal :

— Vous voyez ça, Brodeur ! Des volontaires !... De braves enfants ! Je veux apprendre le russe ; comme ça, quand les autres compagnies viendront, je les épaterai, pas vrai, Brodeur !

Il inscrit quelques phrases sur son carnet : « Approche... où as-tu mal... » etc... — Puis :

— Je vous soignerai, moi, mes braves enfants !

La plus légère fatigue entraîne un : « Exempt

de service. » — Quand un homme lui paraît mal
en train, il s'écrie :

— Toi, je vais te foutre en l'air. — (C'est-à-
dire qu'il l'évacuait). — Tu iras te reposer à
Epernay... tu boiras un peu de champagne, tu
dois l'aimer, le champagne, hein !

Inutile d'ajouter qu'il y avait grande affluence
à la visite de l'excellent major.

Grant obtint la permission d'aller à Pru...
Quelques réparations improvisées rendent habi-
table la maisonnette qui sert de poste de secours.
Là demeurent le médecin auxiliaire, le nouveau
major du bataillon et Mitelman, qui a quitté sa
compagnie, comme l'exigent ses fonctions de
caporal-infirmier.

Il ne pleut pas ; Grant en profite pour « faire
son tour » dans les tranchées. Il rencontre Blondell qui a remplacé Mitelman à la D¹, comme infirmier ; Gourfinkel, Martinoff... Le bataillon tient
tout le secteur. Les différents ouvrages ont de
forts jolis noms : *Les Marquises*, — *la Croix du
soldat*, — *le Bois de la mare*, — *la Grand'croix*,
— *le Moulin*, — *les 500 mètres*, — *le Haricot*. —
Ce dernier point est furieusement bombardé quand
Grant y pénètre. Un obus éclate dans l'abri de la
mitrailleuse, démolit la pièce et arrache le bras
du sergent Gelmini qui réparait une pendule trou-
vée dans les ruines. L'infirmier de la compagnie,
de Vera, — docteur argentin, successeur de

Lindskoc, — lie l'artère, et les brancardiers portent le blessé au poste de secours. Impossible de couper à travers champs. Obus et balles pleuvent ; il faut prendre les boyaux dont le brancard occupe toute la largeur. Chaque tournant — et il y en a tous les 15 mètres — soulève un problème. Comment circuler sans secouer horriblement le malheureux qui souffre ? Enfin, on passe, mais c'est d'autant plus pénible que les corvées de soupe remontent le boyau en sens inverse. Le sergent geint. C'est un Légionnaire d'Afrique, bon camarade de Grant et du père Charles. Il se plaint d'une douleur atroce dans les reins :

— J'en ai par là aussi, — murmure-t-il.

En effet, du sang coule du brancard.

— Doucement, les gars !

Le trajet est trop long ; les cahots sont trop durs. Tant pis, on monte en terrain découvert.

— Attention de ne pas vous faire amocher !

— Craignez rien, sergent !

— J'ai mon compte. Le bras, ça n'est rien, mais les rognons ! J'aurais voulu serrer la main aux copains !

— Je leur ferai la commission, mon vieux Gelmini, — dit Grant.

— C'est vrai que tu es de leur compagnie ! Sacré patelin que le Haricot ! Ils m'ont foutu ma pièce en bombe ! Bonjour aux copains !

Il mourait, le surlendemain, à l'ambulance,

après avoir reçu la médaille militaire. La mort
de son camarade affecta rudement le sergent
Charles ; il essaya de crâner, sans y parvenir. Son
émotion se traduisit par un discours magnifique
sur le devoir et la mort, — la mort du soldat, au
champ d'honneur ! Ensuite, on prépara le dîner.
Les victuailles abondaient. Par complaisance du
capitaine, matin et soir, les sections envoyaient
des « corvées de commissions » soit à Sillery, soit
à Beaumont.

Au bout d'une semaine, on quitta le canal.

— Au repos dans un pareil bourbier, mieux
vaut les tranchées !

CHAPITRE IV

Au Haricot. — Cadavres et corbeaux. — Le Bois des Zouaves. — Séjour prolongé. — Le caporal Laurençot. — Conseil de guerre. — Le mort avertisseur. — Aux 500 mètres. — La salve. — Hallucination et cafard. — Retour à Bouzy. — Anecdotes et portraits.

Froid sec ; route ferme et sonore ; les tranchées ne sont qu'à quelques centaines de mètres ; la marche ne sera pas longue : c'est assez pour être heureux.

Mais où donc peut-on bien aller ? On a traversé Pru..., la voie ferrée ; un bois de sapins ; défilé, en tirailleurs, par terrain découvert, et voilà que l'on circule, depuis deux interminables heures, dans des boyaux tellement étroits que les sacs heurtent les deux bords des parapets. Grant reconnaît le secteur ; il l'a parcouru, l'avant veille, en accompagnant le sergent Gelmini blessé.

D'un abri de mitrailleuses abandonné, sortent Blondell et deux de ses brancardiers :

— Sale secteur que le Haricot ! Mais on ne reste que deux jours. — Et, indiquant le trou dont il sort : — Voilà où tu pourras te reposer, si tu ne crains pas trop les souris et les rats !

L'aube se lève. Tout soudain, une série de salves d'artillerie ; et au-dessus du Bois des Zouaves, dont se précisent, dans la lumière naissante, les troncs brisés et les rameaux déchiquetés, apparaissent les jolis flocons blancs des fusants français. La flamme dorée de l'éclatement est éblouissante comme un éclair, dans le demi-jour bleuâtre.

Dès l'arrivée, tous les hommes aux créneaux. Le Haricot et le Bois des Zouaves forment un saillant convoité. Le long des parapets, des tombes. Sur les planchettes des croix, les noms sont déjà effacés. Des képis moisis indiquent le numéro des régiments qui ont tenu le secteur. Parfois, près des croix, goulot en terre, sont plantées des bouteilles dans lesquelles se voient les papiers de celui qui est là... Devant les fils de fer, une rangée de cadavres en pantalons rouges, tombés au cours d'une attaque. La face de l'un d'eux, toute noire, est tournée vers les lignes françaises. D'autres morts sont accroupis derrière des tas d'herbes sèches : des morts à genoux. D'autres sont étendus de toute leur longueur. Impossible de regarder par les créneaux sans voir nos morts !

Une moitié du Bois des Zouaves est allemande, la seconde est française. Entre les lignes éloignées de trente mètres, toute une zone de la forêt est à terre. On se mitraille, sans répit, à travers ce noir entassement de troncs et de rameaux qui gisent

serrés les uns contre les autres. Pour se garantir
des bombardements : des abris creusés à 10 m. de
profondeur, dans la craie.

Mais à côté, au Haricot, c'est la marne, la boue
laiteuse, le terrain labouré, jadis, friable, sans
consistance. Un sale secteur ! Deux sections sont
de garde aux créneaux et aux postes d'écoute,
pendant que les deux autres se reposent ou travaillent. Pour se reposer : un couloir recouvert
de planches et de terre. Le moindre éclat, une
balle transpercent ce toit. Les hommes s'accrou-
pissent sur deux lignes, se faisant vis-à-vis, les
genoux embarrassés dans ceux des camarades assis en face. Quand le tir de l'artillerie allemande
est trop précis, on se réfugie dans les boyaux, et
on s'y allonge. Bien des hommes sont touchés, la
plupart à la tête. Un d'eux, Amar, a la face em-
portée. Dans la bouillie rouge de ses joues, deux
choses rondes et noires : ses yeux. Le même obus
fait d'autres victimes. Le boyau est plein de sang
que recouvre la neige qui se met à tomber.

Des corbeaux dansent grotesquement auprès
des cadavres ensevelis. Les vols d'étourneaux envahissent les tranchées ; des perdreaux se poursuivent, en gloussant, en haut des parapets. Le
capitaine en tue quelques-uns avec son revolver.
Toutes ces bêtes courent sur la plaine, elles s'é-
garent dans les réseaux de fils de fer, comme des
mouches dans une gigantesque toile d'araignée

noire, tendue contre un mur blanc. Elles n'ont pas peur ; elles savent que, cette année, les coups de fusil ne leur sont pas destinés.

Le quatrième jour écoulé, la compagnie ne part pas. Le commandant du secteur a fait demander au capitaine si les hommes pouvaient tenir quelques jours encore, afin de terminer les travaux ; et le capitaine a répondu affirmativement.

— C'est pas pour rien qu'on est la compagnie électrique !

Le général Pein, commandant la brigade, vient chaque matin rendre visite à ses Légionnaires terrassiers, et leur distribue des paquets de tabac d'Algérie.

Un mineur russe a creusé, à lui tout seul, un puits de 10 m. de profondeur. L'eau excellente est abondante.

Voici qu'un fragment de tranchée vole en l'air. On croit à l'explosion d'une mine. De nouveau, la terre tremble. Un sergent d'infanterie, attaché comme artificier au secteur du Haricot, donne des renseignements : c'est un « minenwerfer ». Les engins de tranchées, crapouillots, canons-revolvers, grenades, commencent à apparaître. Cela excite bien un peu la curiosité, mais les journées n'en sont pas moins interminables. Les hommes crèvent de fatigue et de sommeil. Les cuisines sont à 3 h. de marche ; la soupe, le ragoût, le café arrivent glacés. Rien pour les réchauffer. Le sergent Charles, lui-même, est furieux :

— Ah ! j'en ai gros sur la patate ! — s'écrie-t-il, à tout bout de champ.

Dans sa demi-section, se trouve un nouveau venu, le caporal Laurençot, Américain d'origine française. C'est un grand garçon d'allure sportive, visage net, regard loyal et enfantin, traits énergiques, type réussi de ce que les Anglais appellent « a good looking fellow. » Il vient d'un autre bataillon ; il a fait, sur la proposition de son commandant, un mois au peloton des élèves sous-officiers, avec d'anciens Légionnaires ; puis il a été envoyé, sans que l'on sût pourquoi, au bataillon D. où ses galons devaient le suivre. Il les attend, et accomplit son service avec un entrain et une belle humeur qui enthousiasment le sergent Charles :

— Ah ! vous l'avez, le moral, vous, Laurençot !

Et, emphatique :

— Vous aussi, vous êtes un gentleman !

— Sergent, je suis un homme qui ne veut pas s'ennuyer !

Son escouade et sa section le respectent, car il a « attaqué » avec son ex-bataillon ; et les morts qui sont devant les tranchées, il les a vus tomber. Près d'un de ces cadavres, un matin, flotte un fanion blanc et noir, planté, pendant la nuit, par des patrouilleurs allemands. Demain, on aura le drapeau, et, si possible, on identifiera les cadavres. A l'aube, comme Laurençot et un sergent français du secteur voisin posent la main sur une des carcasses en uniforme, une sonnerie retentit qui déclenche, automatiquement, semble-t-il, un furieux tir de mitrailleuses. On ramène le fanion, mais on laisse les morts à leur fonction de bouton d'avertisseur électrique.

Dans le conseil de guerre qui se réunit, quand l'occasion le permet, chez le sergent Charles, on écoute attentivement le caporal Laurençot, car, comme le déclarent ses hommes :

— Oui, il a attaqué... il sait ce que sait... il peut causer !

Depuis quelque temps, il n'est plus question de « continuer la victoire de la Marne » ; on ne parle plus du grand mouvement en avant qui doit ramener les Allemands sur leurs frontières. Les plus épais se rendent compte de ce que sera la guerre.

— Certes, on avancera, mais comme aux Marquises, à la pelle et à la pioche !

Partout s'aménagent de solides tranchées, se creusent des abris, s'édifient des blockhaus, s'établissent des lignes de télégraphe et de téléphone. Les plaques de blindage, les rondins, les poutres, les sacs de ciment s'amoncellent dans les magasins. On distribue des sabots et des peaux de mouton, des tricots et des passe-montagnes.

— L'offensive est pour le printemps, les journaux ne le cachent pas...

— Attendons le printemps !

Un Espagnol fredonne :

> C'est le Printemps, c'est l'éveil,
> C'est l'amour, maître des choses !

avec un effroyable accent.

— Si c'est pas malheureux d'entendre écorcher le français, comme ça !

— Io no siou pas de Paris, sergent Charles !

— Va donc, ballot !

Tapotant sur sa caisse, le petit tambour Leski — un négriot fervent catholique, élevé par les Pères blancs de Carthage — murmure :

> Travaja la mouquère,
> Travaja bono...

tandis que, dans un coin, les Russes écoutent, sourient et ne se mêlent à la conversation que quand on les interroge. Ils sont tristes de ne pouvoir chanter. Un de leurs compatriotes influents, Martinoff, a été évacué ; il s'est abîmé l'œil droit. Ils attendent la visite que leur fait Mitelman, tous les deux jours.

Après avoir constaté que les mêmes noms de localités revenaient perpétuellement dans les communiqués, ce qui signifiait, sans doute, que les positions ne s'enlevaient pas de vive force, comme autrefois, les membres du conseil de guerre permanent de la D² déclarèrent que jamais on ne délogerait les Allemands des pentes où ils s'étaient accrochés, et qu'ils décamperaient, d'eux-mêmes, par la force des choses, un beau matin ! Personne ne put jamais expliquer ce qu'il entendait par ces mots « la force des choses », et le sergent Charles s'écria :

— Nous sommes tous des ballots ! Nous n'avons pas à comprendre, mais à obéir. Joffre sait ce qu'il doit faire ! Si on doit rester ici jusqu'à la Saint-Galmier, on y restera. Un point, c'est tout.

Ordre de départ. Enfin !

— Ne vous réjouissez pas, on glisse à côté...

— Non, mais, ils le salissent, le métier !

On grogne, en roulant les couvertures :

— Comment ! Après 10 jours aux « Marquises » sans sommeil, sous la flotte...

— ... on nous fout 8 jours de soi-disant repos au « Canal » dans la boue...

— ... et après ça, on s'applique 8 jours au « Haricot », là ousque les autres ne font que 48 heures...

— ... et les 8 jours tirés, on va à côté...

— Oh ! c'est bien la Légion !

— C'est le marche ou crève !...

— On marchera, et on ne crèvera pas ! Avez-vous fini de râler, tas de ballots !

Effectivement on marche, et avec le sourire encore ; et, par délicate aurore gris bleu, la compagnie devient locataire de « l'ouvrage des 500 mètres. »

— Endroit parfaitement paisible. Pas un obus, depuis une semaine, affirme-t-on.

Pour se reposer, trois abris. Chacun d'eux contiendrait difficilement 40 hommes ; il s'agit de s'y loger 54. On s'empile les uns sur les autres. Les sacs et les musettes, les couvertures et les toiles de tente, les fusils et les baïonnettes, les gamelles et les marmites occupent plus de place que les hommes. Impossible de marcher sans écraser une main, une jambe ou un pied ; sans s'embarrasser dans des courroies. Par exemple, on peut parler à haute voix ; on s'injurie avec délice, avec lyrisme, en russe, en parigot, en espagnol, en italien, en arabe et en anglais ! On se rattrape des huit jours du « Haricot. »

— Mais ce n'est pas encore ici que l'on connaîtra le bonheur !

Cependant, il est permis d'aller à 1 k. en arrière, pour allumer des braseros dans des tranchées délaissées. On mangera chaud, on dormira sans claquer des dents.

Le soleil ! gai compagnon qui ramène la joie dans l'âme ; et sur la terre, le dégel et la boue ! Les capotes mouillées sont étendues le long des parapets et offertes aux chauds rayons.

Voilà la soupe : on déjeunera dehors. Le brouillard se dissipe... et, tout à coup, en plein dans le boyau, six obus tombent et éclatent ! six sacrés 88 autrichien, que l'on n'entend pas arriver !

— Pour un endroit tranquille, c'est un endroit tranquille !

Nouvelle salve encore mieux dirigée que la première :

— Tout le monde dedans !

On obéit, mais un obus d'une troisième salve pénètre dans l'abri, éclate au-dessus de la tête de Grant ; le culot lui arrache le pain de l'escouade qu'il tenait sous son bras, blesse ses quatre voisins, démolit le toit qui s'effondre et incendie les rondins et la paille.

— Tout le monde dehors !

— Pour un endroit tranquille...

— C'est un endroit tranquille !

Grant et deux de ses camarades, aveuglés par la fumée et la flamme, les oreilles tintantes, assommés par une masse de terre et de bois, éteignent l'incendie avec le vin, la soupe et le café.

— Pour aujourd'hui, on se serrera la ceinture, en guise de repas !

On s'occupe des blessés : bras et jambes cassés ; shrapnells dans le dos. Pansements sommaires ; et en route, sur des brancards, pour le poste de secours... et l'hôpital.

— Et de cinq qui en ont fini avec la guerre !

Le bombardement continue, violent, d'une précision extraordinaire.

— Ça s'annonce bien !

Soudain, le capitaine Junot crie :

— Voulez-vous bien m'enlever ces capotes, nom de Dieu ! A-t-on idée d'une bêtise pareille !

Les hommes, sans réfléchir, les avaient alignées sur le parapet, face aux Allemands. Elles se détachaient, bien visibles, en noir, sur la craie blanche.

— Le boyau est repéré, maintenant.

— Bandes de vaches ! Ils voient tout !

— La compagnie est enguignée !

Au début de l'après-midi, les nuages s'amoncellent. Pour changer, c'est la pluie. Et, sous l'averse, comme aux « Marquises », comme au « Haricot », il faut travailler ; établir une communication avec les secondes lignes ; réparer le gourbi effondré ; augmenter, sur les deux autres, la couche de terre. En avant ! A la pelle et à la pioche ! Deux sections de 6 h. du soir à minuit ; deux sections de minuit à 6 h. du matin.

— Si ça continue, la compagnie sera crevée dans une semaine !

Le manque de sommeil, la fatigue exaspèrent les hommes. Avec un ensemble merveilleux, les Espagnols se « font porter malade. » Le lieutenant Ceccaldi ne sévit pas. Il avoue que sa section a donné tout ce qu'elle peut donner ! Les

Russes, par contre, travaillent sans murmurer ; mais ils ont d'étranges accès de gaîté, suivis de prostration. Pour la première fois, ils parlent de leur pays, de leur vie familiale ; puis ils restent les yeux grand'ouverts, le regard lointain.

On meurt de sommeil, mais nul ne peut plus dormir.

Par ces nuits d'insomnie, il est dangereux d'être torturé par les rats.

Ce sont les rats qui ont chassé Grant de l'abri. Il a senti la queue d'une de ces affreuses bêtes sur sa figure, et il a bondi, hors de son trou, comme un insensé ! Il va, droit devant lui, avec la sensation désespérante que jamais plus, jamais plus ! il ne pourra dormir... parce que toujours il y aura des rats ! Il s'entend parodier la phrase de Macbeth :

Les rats ont tué le sommeil !

Et il se prend à ce jeu ! Le rat qui le narguait, tantôt, blotti entre deux rondins, lui apparaît, avec ses yeux noirs, sa gueule remuante, comme agitée par un tic. Et Grant s'aperçoit qu'il imite, malgré lui, le frétillement de la gueule du rat. Jamais il ne se débarrassera de ce tic. Il aura une bouche semblable à la gueule d'un rat... Et les rats, alors, ne l'empêcheront plus de dormir, ne lui feront plus peur ! Il pense : « Non, mais je deviens fou ; je voudrais dormir ! » Un instant, il s'allonge par terre. Le froid le remet sur ses pieds.

« Cet obus qui m'a éclaté dans les oreilles, cet écroulement de terre m'ont abruti ! Pas possible !... Mais comment dormir ?... » — Il est exalté par une sorte de colère, de désespoir ; une irritation inconnue jusqu'alors.

« En finir ! Crever ! » — Il a l'impression d'avoir une pile électrique dans la nuque ; une pile qui déchargerait des courants glacés dans sa colonne vertébrale, ses jambes et ses bras !

Il revoit les cadavres près du Bois des Zouaves ; il se demande si les rats peuvent ronger la cervelle d'un homme endormi ! Il veut chasser ces idées ; il veut se libérer de ces images. Mais elles sont en lui, se nourrissent de lui ! Il les sent, dans l'intérieur de son crâne, comme il sent contre ses oreilles le contact laineux de son passe-montagne ; comme il sent, sur sa poitrine et son ventre, les chatouilles des poux !...

Par un escalier creusé dans la banquette de tir, il monte sur le terrain. Des balles sifflent. Il se promène, il erre, parfaitement halluciné. Un appel :

— Bonsoir, Grant !

— Qui est là ?

C'est un de ses camarades russes. Il est assis dans un paquet d'herbes.

— Je ne peux plus dormir, Grant ! C'est horrible... Et ces rats !.. Ces rats qui pullulent...

— Ah ! vous aussi ! Les rats... Mais les balles sifflent, ici...

— C'est bien pour cela ! Ah ! Grant, une balle... Et mourir !

— Vous aussi, vous voudriez en finir ?... — répète Grant, soulagé par la pensée qu'il n'est pas le seul à se débattre contre des choses inconnues, engendrées par l'insomnie et la fatigue.

Tout au fond de lui-même, le Russe se livre à des réflexions identiques :

— J'ignore ce qui se passe en moi...

— Un peu de fatigue... l'insomnie...

— Peut-être ! Je suis heureux de vous rencontrer, Grant... Je broyais du noir... je... je... et...

Il se met à pleurer :

— C'est bête !

Sa crise de larmes est courte.

— Redescendons dans le boyau, — propose Grant, — ce serait stupide... ce serait indigne de nous... de se faire amocher pour rien !

— Vous avez raison !

Ils s'accoudent à la banquette de tir.

— L'admirable paysage, dit le Russe.

— Quel est votre métier ?

— Peintre.

La nuit est féerique : gelée blanche ; brume aux couleurs d'arc-en-ciel, sous la lune naissante... et, à cet instant même, calme absolu sur la plaine scintillante de givre.

Soudain, dans le silence, un chien aboie, puis hurle à la mort.

— C'est peut-être le chien de la D³..., au « Moulin »...

— Non, — dit Grant, — Rabiot est bien dressé... C'est un bon patrouilleur. C'est un animal perdu, qui crie... un animal affolé...

— Comme nous...

Et, de nouveau, le chien aboie, puis hurle. Et c'est le silence..., le *flou flou flou*... des balles qui viennent de loin... et la bise glaciale qui balaye la Champagne pouilleuse, à l'aube.

Au détour du boyau, une silhouette d'homme, l'arme à la bretelle :

— Qu'est-ce que vous foutez là ?

— C'est toi, Ostache ?

— Tiens, Grant ! Je suis de ronde... Je vais au poste d'écoute...

— Qui est de garde ?

— Laurençot.

— Je t'accompagne.

Grand serre la main de son camarade russe, et suit son sergen .

— Ouf ! — lui dit-il, — mon vieil Ostache, je viens d'avoir un sacré moment de cafard !

— Tiens, un peu de tacco ! Le père Charles s'en est procuré un litre.

Discrètement, Grant en avale une gorgée.

— Bois donc... quoi ? En voilà des trucs !

Le sergent remplit le quart de Grant :

— Bois... Tu as la fièvre... On va au repos à Bouzy, le secrétaire du capitaine a copié l'ordre.

— Ça colle !... Quand part-on ?

— Après demain !

Et tout ragaillardi par le « petit coup de gniole », Grant voit se lever l'aurore au poste d'écoute.

*
* *

... Enfin, au repos ! Je suis lavé ! Que dis-je, j'ai pris un bain dans une cuve. La location de cette cuve, pour 30 minutes, 2 brocs d'eau chaude et 2 d'eau froide, m'ont coûté 3 fr. 50 ! C'est pour rien ! Je suis rasé ; propre des pieds à la tête ! J'ai couché dans un lit, avec des draps, des couvertures et un édredon ; un petit lit en fer orné de boules de cuivre, placé dans une chambre qui possède deux fauteuils, deux fenêtres ornées de rideaux blancs et rouges... et offert gracieusement par l'excellent M. Demière à qui j'ai fait pitié ! En me rasant, je me suis examiné dans la glace. J'ai ce qu'on appelle une sale gueule ! Aussi nous venons de passer un mois dont nous nous souviendrons ! Je ris, en songeant qu'à la maison, il faut me réveiller en plusieurs fois ; d'abord écarter les rideaux..., puis entre-bâiller les persiennes..., les ouvrir enfin ! La délicate opération !

A Bouzy, quelle joie ! quelle béatitude ! quelle paix ! Nous avons cependant passé la nuit dernière en alerte. C'était la fête de Guillaume, et on croyait qu'à cette occasion, les sauvages manifesteraient leur enthousiasme de façon fort désagréable pour nous. Il n'en a rien été ; ils ont préféré manger, boire et hurler. On les a laissés tranquilles !

Je ne pense qu'à me laver, me raser, me cirer les brodequins et me soigner les ongles ! Nous mangeons des choses exquises. La cuisine champenoise au lard est remarquable. Chaque matin, notre hôte nous mène au cellier :

— Tenez, goûtez-moi ce vin..., et celui-ci... et celui-ci encore !

Chaque fois, il plonge sa pipette dans un tonneau et la ressort pleine d'un vin doré qu'il verse, en l'offrant à la lumière, dans de beaux verres... Cette cure de Champagne est excellente, comme dit Gourfinkel. On repartira heureux, retapé et de bonne humeur ! D'ailleurs, le bataillon est en parfait état physique et moral. Les fatigues, la pelle, la pioche, la boue, les rats, les poux, le manque de sommeil..., nul n'y pensait plus après 24 heures de repos à Bouzy ! La vie des tranchées a engendré une grande camaraderie entre nous tous. Ceux qui ont plus d'argent en donnent à ceux qui en ont moins. Les Russes pour cela sont extraordinaires, ils vivent en communauté, tout est à tous.

Des jeunes filles de Brest m'ont envoyé d'énormes ballots de vêtements en laine, des boîtes de chocolats, des seaux de confitures, etc. Le tout a été distribué à la compagnie.

... Grande promenade avec M. Demière et le major du bataillon, jeune homme blond et froid, professeur à la Faculté de médecine de Lille. Il est avec les hommes d'une politesse et d'une justice excessives. Il prend ses fonctions très au sérieux et croit à sa responsabilité. Il a des difficultés avec certains officiers qui le trouvent trop indulgent avec les Légionnaires. Il répond que, s'il est indulgent, c'est précisément parce qu'il a affaire à des Volontaires. Mais il est fâcheux de le voir « médecin de bataillon. » Il serait bien mieux à sa place dans une ambulance. Il s'arrête devant chaque fleur, chaque pierre, chaque insecte. Nous avons avec Mitelman, Chazal et lui des conversations très intéressantes. Le pays est merveilleux : forêts et sources. Du haut des mamelons, on aperçoit, au loin, la région bénie des tranchées !

Nous y remontons demain.

CHAPITRE V

Vie de château. — Le Bois de la Mare. — Le capitaine. — Les territoriaux et la ligne de feu. — Les espions. — Le sculpteur Mikaïloff. — La laiterie.

Dorénavant, le séjour aux tranchées sera de trois semaines. Les compagnies garderont, successivement, les divers ouvrages du secteur, manœuvreront et iront au repos ensemble. Voilà qui indique clairement que, jusqu'au printemps, on ne fera pas grand'chose, comme attaque.

Pendant que *ceux* de la D³ et de la D⁴ « bossent » comme des malheureux, à la pelle et à la pioche ; *ceux* de la D¹ et de la D² mènent la vie de château, le long du canal.

Pas de pluie. Un beau soleil sèche la boue. Le canal a été nettoyé : plus de capotes, de vestes, de carcasses de bêtes. Contre les berges grouillent de petits poissons que l'on pêche dans des casseroles et dont on fait des omelettes. — Comme service : entretien des chemins ; corvée de paille, de vivres, de charbon ; revues d'armes, de chaussures, de sacs. — Comme distractions : on assiste, à 9 heures, au départ du général de brigade pour les tranchées. Un de ses officiers d'état-major le suit. Ils sont tous deux très élégants. Puis, bombardement de la ferme de l'Espérance : jolis jeux de soleil sur les tuiles qui volent en éclats, à de grandes hauteurs ; dialogue échangé entre les batteries de la route et les batteries allemandes. — Repos et tranquillité ; Français et Allemands doivent manger la soupe à la même heure. — Le général et son lieutenant retournent des tranchées : ils sont gris de boue. Après le café, reprise des hostilités : arrosage des routes et des villages ; recherche des fusées ; confection de bagues ; — dîner amélioré par tout ce que les « corvées de commissions » rapportent de Sillery ou de Beaumont — Extinction des feux. — Réception dans les abris : thé, café, concert, correspondance et conférences sur la guerre. — La vie de château, quoi !

Il neige, la compagnie D² se met en marche vers le bois de la Mare. C'est l'endroit le plus agréable et le plus pittoresque du secteur. Là, se dressait autrefois un boqueteau de sapins. Par ordre, les troupes ont abattu les arbres à ras de terre. Les troncs et les branches sont devenus des rondins et des poutres. Des sources ont jailli entre les racines respectées. Les eaux se sont lentement étalées et forment, maintenant, un étang verdâtre où nagent d'étranges animaux à carapaces d'écrevisses.

Autour des berges, sont situés les abris profonds, larges, solidement édifiés. L'ouvrage est mal repéré : c'est un angle mort. Les obus éclatent assez loin des parapets. Les balles achèvent leur trajectoire au milieu de la mare ; toute la nuit, on les entend tomber dans l'eau. Par contre, les petits postes ennemis prennent certains boyaux d'accès en enfilade. Tous les blessés le sont à la tête. D'après le trajet des projectiles, on estime que les Allemands ont des tireurs et des mitrailleuses cachés dans les arbres.

Vêtus de peaux de mouton, les pieds dans leurs sabots de tranchées, les mains gantées, le cache-nez enveloppant leur tête, les hommes se détachent en noir sur le paysage blanc ; c'est un tableau d'hivernage sur la banquise...

Il y a de longs silences. On perçoit le froissement de la neige, puis le croassement des corbeaux. Des étourneaux visitent la contrée ; ils s'élèvent, emportés comme de la fumée, se mêlent à d'autres vols qui passent, et, de nouveau, se posent dans les tranchées. Parfois, ils tourbillonnent autour d'une corneille solitaire qu'ils affolent et qui ne sait où donner des ailes.

*
* *

.... Je te parle souvent de nos officiers. Je veux te conter une anecdote qui te montrera quelle espèce d'homme est le capitaine Junot. Parmi nous, se trouve un certain Damert, industriel suisse établi depuis longtemps à Paris, et marié à une Française. Il y a quelque temps, à la tombée de la nuit, il contemplait, mélancoliquement, l'âme vacillante, sans doute, au bord de l'insondable abîme du cafard, une photo qu'il venait de recevoir : sa femme et ses trois enfants. Débouche le capitaine de fort joyeuse humeur : — Toujours des photos de femmes, ces gaillards-là ! Fais-moi voir ta gonzesse ! — Damert lui tend la photo. Le capitaine la regarde ; puis, comprenant : — Oh ! pardon, Damert.... excusez-moi, — dit-il de sa voix polie ; — c'est Mme Damert et vos enfants... vous avez une charmante famille. — Depuis ce jour, le capitaine demande à Damert, quand s'en présente l'occasion, des nouvelles des siens. Le brave garçon, un peu naïf, avait les larmes aux yeux en me racontant son histoire. Mais, effectivement, n'est-il pas d'une délicatesse attachante ce : — « Oh ! pardon, excusez-moi », venant après : « Montre-moi ta gonzesse ! »

Nous travaillons beaucoup, mais c'est supportable....

*
* *

Et une nuit, à l'heure du travail, une compagnie défile dans un boyau, les outils sur l'épaule et l'arme à la bretelle. Les hommes avancent péniblement. L'un d'eux marche sur les pieds d'un Légionnaire :

— Pardon, qué mon brave !

Des voix murmurent :

— Chut... chut !

Par extraordinaire, les Allemands lâchent une salve. Quelques mottes de terre sautent dans le couloir.

— Mais où nous sommes, ici, que ça a l'air de taper ?

Grant, qui devine des territoriaux, répond :

— Mais vous êtes tout près des Boches, sur la ligne de feu !

— La ligne de feu ! — réplique l'homme avec stupeur.

Et, se tournant vers son camarade :

— Eh ! Titin, tu as entendu : nous sommes sur la ligne de feu !

Et ces mots : « la ligne de feu », passent, de bouche en bouche, jusqu'au dernier travailleur. Dos courbé, oreille tendue, chaque homme à la distance réglementaire, la compagnie de territoriaux se remet en mouvement.

— La ligne de feu ! c'est du joli si on nous y envoie, nous autres !

— Ah vaï ! ligne de feu !... ligne de feu ! Ils se sont foutus de toi, ces jeunes !... C'est tous des farceurs, à la Légion !

— Rigole pas... va... tu vas nous faire repérer !

Se faire repérer ! Terreur de ceux qui, pour la première fois, montent aux lignes avancées !

Sur ces entrefaites, l'Angleterre réclame ses nationaux. On conseille vivement à Grant de joindre l'armée britannique où il serait, sans doute, autre chose que soldat de deuxième classe. Il préfère ne pas abandonner ses camarades russes.

— Réfléchissez, — lui dit son capitaine — vous ferez tout aussi bien votre devoir sur le front anglais... et dans des conditions plus intéressantes pour vous...

Quant au sergent Charles, il traite Grant de « ballot ! » — et lui serre la main !

Depuis trois semaines, l'artillerie allemande manifestait une grande activité dans le secteur. Les quatre compagnies étant en ligne, les blessés étaient nombreux. Il fallut remplacer le caporal brancardier. Grant fut proposé et nommé. Il quitta la compagnie pour entrer au petit état-major. Le P. E. M. est composé de personnalités fort importantes : le caporal infirmier, le caporal brancardier, le caporal téléphoniste et le caporal clairon. Ces gradés, bien que faisant partie d'une compagnie, ont le droit, au cantonnement, de loger et de manger à part, c'est-à-dire où ils veulent. Ils ont la responsabilité de leur service, ne relèvent que de leurs officiers, et comme ces derniers les ont choisis, ils ont confiance en eux. Donc, assez de liberté, et maximum de confort ! On est plus à son aise, dans la cagna du téléphone, avec 4 hommes, qu'empilé dans un abri avec 40. On est également plus à son aise au poste de secours. Mais on n'y dort pas plus qu'aux tranchées. Toute la nuit, la sonnerie du téléphone tinte ; toute la nuit, arrivent des blessés.

Le poste de secours de Pru... est maintenant assez solide. Des pierrailles amoncelées renforcent les murs délabrés. Un abri en rondins et en madriers a été construit à l'intérieur ; deux brancards y peuvent trouver place, et les majors exécutent leurs pansements sans crainte de voir le plafond s'écrouler sur leur crâne et sur le corps de l'homme qu'ils soignent.

Pru... est entouré de batteries. Au milieu de ses ruines sont installés les cuisines et les bureaux ; derrière les bois environnants circulent les voitures d'ambulance et de ravitaillement. Tout mouvement aperçu par les Allemands, dont les positions dominent, est salué par une avalanche d'obus qui transforment le petit village en enfer. Les boyaux d'accès s'ouvrent dans les murailles ; les sorties, tous les points importants sont criblés de projectiles, à l'heure des corvées.

Il en était de même, pour les batteries, au début de la guerre des tranchées. Les pièces repérées devaient déménager, leurs premières salves tirées. Un aumônier découvrit le traître : garçon de 20 ans, libéré, on ne sait comment, de toute obligation militaire. Pour 50 francs par mois, le misérable vendait sa patrie ! Les journaux illustrés ont publié des photos montrant le traître de Verzy, en paquet, au bas du poteau.

Les Anglais ont la bonne méthode : le moins possible de jupes et de vestons, là où ont affaire les capotes et les casques ! Quelques bistros suffisent amplement aux besoins du troupier. Mais les Anglais ne sont pas chez eux, et les protestations des gros messieurs influents ne les émeuvent point.

La certitude qu'il y a des espions exaspère. Afin d'éviter les pertes, on creuse, pour aller à la soupe, un boyau bien défilé. Au moment où la première corvée débouche, une salve s'abat sur elle. Est-ce une simple coïncidence ? Quatre hommes tombent ; trois légèrement touchés ; le quatrième reçoit toute la gerbe de mitraille ; son corps est en morceaux dans ses vêtements. C'est un Russe célèbre dans son pays : le sculpteur Mikaïloff. La mobilisation l'a surpris à Paris, pendant un séjour qu'il y faisait avec sa famille. Agé de 40 ans, il s'est engagé, et a suivi, à la Légion, ses camarades plus jeunes. Artiste, pensant noblement, il était parti, exalté par le rêve de marcher immédiatement en avant, qui fut celui de tous — et voilà qu'il mourait, en portant la nourriture à son escouade !

Mais tous ceux qui ont *vraiment* espéré et souffert, sur la ligne sacrée qui, de la mer du Nord, descend en Alsace et s'infléchit vers Paris, pour se réchauffer, semble-t-il, au cœur palpitant et vivace de la plus belle Patrie, tous ceux-là — les fantassins — savent ce qu'il y a de sublime dans une telle mort ! Qu'il ait à la main la pelle ou la pioche, le fusil ou le poignard, la grenade ou le brancard, le seau de café ou la marmite de soupe, celui qui finit là, a droit aux suprêmes honneurs !

Mikaïloff eut de belles funérailles. — Au crépuscule, ciel lumineux et vert contre lequel se découpent en noir de charbon de lourds nuages qui sont comme les reflets des ruines. L'escouade de Mikaïloff rend les honneurs. Chaque compagnie a envoyé une délégation de Russes : ils sont quarante. Le commandant Muller, le capitaine d'Allens conduisent le deuil. Le corps est étendu sur un brancard, recouvert par la toile de tente. Le cortège se met en marche. Les Russes entonnent leur marche funèbre militaire. C'est une mélopée très lente, désespérée, rêveuse, ouverte sur l'au-delà, pleine de frémissements d'harmonie, sourds, puissants comme des rumeurs d'orage. Cette marche est celle des révolutionnaires ; mais elle est devenue populaire. Comme accompagnement, sur les lignes, éclatent les dernières salves d'artillerie. C'est l'heure où la canonnade se ralentit, avant les feux de mousqueterie de la nuit.

Derrière l'église ruinée, dans le cimetière dont

les caveaux sont crevés et les morts remis au jour, le brancard est posé près de la fosse. On rabat la toile de tente. La face inacte se montre, très blanche, encadrée par une légère barbe blonde.

Le commandant Muller s'avance. En quelques mots, il fait comprendre qu'il savait quel homme, quel soldat était Mikaïloff. Il remercie, au nom de la France, les Volontaires russes. Sa voix tremble. Il ne cherche pas à cacher son émotion. Il a des larmes dans la voix ; il a dit, à Avignon, au Champagne d'honneur, qu'il était le père de ses Légionnaires. Eh bien ! le père a perdu un de ses enfants, un des plus nobles ! Et il le pleure !

L'aumônier récite quelques prières sur la forme allongée au fond de la fosse. De nouveau, le chant funèbre reprend ; puis, on remonte aux tranchées...

Mais, au détour de la route, voici le cabriolet du vaguemestre !

Ces funérailles vous ont foutu un sacré creux dans l'âme ! Aura-t-on des lettres de chez soi, ce soir ?

Autre préoccupation : la vie recommence !

Dans le courrier de la compagnie, il y a pour toi une lettre de ta femme, Nicolas Mikaïloff ! Elle retournera au dépôt avec la mention : « Mort au champ d'honneur ! »

Une des nouveautés du jour est la création d'une laiterie. On a recueilli, dans les bois voisins où elles vivaient à l'état sauvage, douze vaches maigres, abandonnées par les agriculteurs des villages détruits.

Elles sont parquées dans ce qui reste des bâtiments d'une grande ferme, réparés à leur intention. Quand les obus éclatent dans la cour, elles beuglent d'une façon lamentable, mais on a du plaisir à les entendre.

Chacune d'elles a son nom : un nom mythologique : Vénus, Minerve, Diane... etc. Elles produisent 50 litres de lait distribués à ceux donc l'estomac est délabré par les conserves, l'humidité et la bidoche du frigo. Des territoriaux, laitiers de profession, sont chargés de leur entretien. Pour eux, plus de pelle ni de pioche ; mais, par contre, c'est toute une affaire que d'aller chercher la nourriture de ces bêtes. La nuit, dans les champs, il faut, entre les lignes, déterrer les betteraves ou ramasser de la luzerne. Le bataillon de garde aux tranchées prend la laiterie en consigne.

Depuis deux jours, le canon tonne sans arrêt, sur la droite : c'est notre offensive, du côté de Perthe. D'un moment à l'autre, on s'attend à boucler les sacs et à sortir en renfort. Mais il n'en est rien ; on se contente, dans le secteur, d'inquiéter les Allemands par des manifestations d'artillerie.

Les cinq semaines de tranchées « tirées » on va au repos à Verzenay.

CHAPITRE VI

Dédié aux cuisinières de France. — Un coin de Provence. — Les territoriaux. — A Verzenay. — Les idées de Max Gourfinkel. — La mort du caporal Laurençot. — Przemysl. — Sous la pluie. — Concerts.

— ... *Parfaitemein* que ça se *meinge*, le tout est d'avoir la recette... pas *moinsse*!..

L'entrée de Grant et du médecin Chazal interrompt l'homme. Les nouveaux arrivants attablés, Mademoiselle Thérèse, l'hôtesse, leur sert un bol de café bouillant, et :

— Monsieur Barnabé me parlait de la cuisine de chez lui... du Midi, — fait-elle ; — et, tout de même, il veut vous en conter... et nous faire croire qu'en Provence, on mange l'épervier.

— *Parfaitemein !* — proteste M. Barnabé, un bon gros homme qui attend que son instrument (crevé par un éclat d'obus) soit réparé, pour reprendre sa place dans la musique du 118ᵉ.

— Voyons tout de même à votre recette, M. Barnabé, — reprend Mˡˡᵉ Thérèse, de sa voix brève et pointue de Champenoise.

— Vous tuez l'épervier, — commence Barnabé avec son magnifique accent marseillais, —

vous le portez à la maison. Quand il est encore chaud, vous le battez avec des sarments de vigne, pendant... 20 minntes... puis, vous le descendez à la cave, et vous le suspendez par les pattes, comme la bécasse... pendant une semaine, tous les matins, pan, pan, pan, vous le battez...

Et, tout en écoutant, Mlle Thérèse murmure :

— C'est tout de même pas possible, M. Barnabé, vous nous en contez !

Et Barnabé remarque :

— Vous mangez bien le bouillon de corbeaux, l'écureuil, le hérisson et l'escargot ! — Et, sur l'invitation de la jeune fille, il continue : — Au bout de huit jours, vous plumez l'épervier... et vous le ressuspendez dans la cave. Quand il a la goutte au bout du nez, vous le portez à la cuisine... et vous allumez le fourneau... un joli petit feu... et vous préparez le principal : l'assaisonne*mein !* Vous faites revenir deux oignons, deux pommes d'amour, deux gousses d'ail... vous y ajoutez un filet de vinaigre bon goût... deux verres de vin blanc... Quand tout est bien roussi, vous allongez la sauce avec de l'eau... vous parfumez avec un bouquet de thym, de romarin... clous de girofle, safran et feuille de laurier... faites marcher grand feu... et plongez, dans ce bouillon extra, d'un coup, pour qu'il soit bien saisi, l'épervier et un sécateur !

— Un sécateur ! Monsieur Barnabé !.

Barnabé bourre sa pipe, et tout en l'allumant :

— Quand le sécateur est cuit, vous mangez l'épervier !...

Cette plaisanterie, médiocrement appréciée par Mlle Thérèse, déchaîne l'hilarité de Grant et du médecin auxiliaire qui, en manière de réponse, débitent, tour à tour, bon nombre d'histoires provençales.

— Hé ! vous connaissez les galéjades du Midi ! — demande M. Barnabé.

— Mais nous en sommes du Midi !

— Alors, Mademoiselle Théreson, débouchez-nous une bouteille de ce bon petit vin !...

Une détonation formidable fait trembler la maison.

— Eh là !.. eh là ! — s'écrie M. Barnabé ; — il serait prudent d'aller le boire à la cave, ce petit vin blanc... quand ça tape, ici, tous les coups font mouche.

Le village est bâti sur un versant de la montagne de Reims. La grand'rue aboutit à l'esplanade du phare Goulet qui, de très haut, domine toute la région. Au premier plan, en pente douce, descendent des vignobles que les femmes, les enfants et les vieillards entretiennent, entre les bombardements. Une ligne de tranchées de repli coupe ces terres fertiles. Passé les vignobles, la nature du sol change brusquement : c'est la plaine, la craie, les champs de betteraves et de céréales de la Champagne pouilleuse. On distingue les huttes du Canal dont l'eau brille ; puis, les petits bois de la route de Prunay ; le clocher démoli ; les ruines d'où s'élèvent, de temps à autre, les fumées jaunes et noires des gros projectiles. En avant, du Haricot aux Marquises, le secteur trace un sillon blanc, empanaché par les éclats continuels, et arrêté par les arbres noirs du Bois des Zouaves. Vers l'horizon, les positions allemandes : les hauteurs de Nogent-l'Abbesse, de Brimont, de Magenta ; et deux routes sur lesquelles plus rien ne passe.

Le temps est beau. Les marches s'exécutent sans fatigue. Après 40 kilomètres de route on ne s'attable que plus volontiers devant la soupe aux choux.

— C'est la guerre à la flan !

Max Gourfinkel est inquiet. Il a attrapé, aux tranchées, un eczéma qui a envahi toute sa tête. La peur de perdre ses cheveux le torture. Il considère la calvitie comme une déchéance. Dans la petite chambre qu'il occupe avec Grant, il ne parle que de son cuir chevelu.

— Je préférerais revenir de la guerre boiteux, manchot ou borgne que chauve !

Pour l'instant, son crâne pointu, enduit d'une épaisse couche de vaseline, est entouré de bandes de toile arrangées en turban. Il les déroule, chaque matin, et inspecte les progrès de son mal. Mais les cheveux tiennent bon.

— Je n'en ai pas perdu un seul, un seul, entendez-vous, — annonce-t-il à Grant, le soir, à l'heure du vin chaud et des entretiens philosophiques et littéraires. C'est après l'appel. Personne ne doit être dehors. La petite chambre est presque obscure. Entre les deux paillasses, brûle une bougie ; à côté, une lampe à alcool sur laquelle est posée une gamelle ; dans la gamelle, le vin, le sucre, la cannelle et la vanille. Des toiles de tente sont fixées contre les fenêtres sans volets. Etant donné la situation de l'immeuble, par ces nuits claires, la moindre lueur serait aperçue par « ceux » d'en face. Vautrés sur leur paillasse, parlant bas, à demi dévêtus, se penchant vers la bougie pour y allumer leur pipe, Richard et Max ressemblent à deux fumeurs d'opium. A l'odeur du vin et des épices s'ajoute celle du tabac : du « gros Q » de cantine... mais qui a subi une savante préparation. Gourfinkel l'a trié, coupé, lavé dans du thé, fait sécher, et parfumé avec de l'essence de géranium rapportée d'Avignon. Le premier quart de vin se boit en silence. Puis :

— Je sens en moi un grand bien-être, — déclare Max ; — ma tête est libre : causons. Voilà trois semaines que nous ne nous sommes pour ainsi dire pas vus... trois semaines que je n'ai pas ouvert la bouche.

— Il y a une chose qui m'étonne en vous, Max.

— Laquelle ?

— Vous, un écrivain, pourquoi n'êtes-vous pas intéressé par les individus parmi lesquels vous vivez ?

— Pour plusieurs raisons... reprenez du vin chaud, il est excellent... oui, pour plusieurs raisons. La première c'est parce qu'ils sont Russes. Ils ne me surprennent en rien. Tout ce qui vous paraît curieux, chez eux, n'a pour moi aucune espèce d'intérêt...

— Evidemment, mais...

— Il y a dans la compagnie des gens du peuple... et ceux-là, vous le savez, me sont indifférents. Puis il y a les autres : les intellectuels... et ceux-là me gênent parce qu'ils n'appartiennent pas à la race sacrée qui croit que la beauté est la seule chose importante du monde !

— Cependant, à l'heure actuelle...

— Je vous arrête... d'abord pour vous dire que votre quart est vide... et ensuite pour vous affirmer que je sais parfaitement ce que vous allez m'objecter. Ces mots : « à l'heure actuelle », me prouvent que vous jugez criminelle ma façon de penser. Je vous répondrai : il y a deux Max Gourfinkel. Le premier est poète et philosophe ; le second est soldat de 2ᵉ classe à la Légion ! Ces deux êtres qui vivent parallèlement sont absolument étrangers l'un à l'autre. Le premier Max

a pour devise : « Conserver intacte la pensée pure ;
lui bâtir un temple dans les régions où ne par-
viennent pas les rumeurs humaines ; l'adorer,
comme si je disposais de l'éternité pour contempler sa face ! » Le second Max a pour devise :
« Aller jusqu'au bout ! Accomplir loyalement son
devoir ! »

— Je vous ai entendu discuter, souvent, avec
Mitelman... de politique... vous parliez de l'aristocratie avec admiration.

— J'estime, en effet, que seul un autocrate
peut rendre un peuple heureux.

— Vous avez ajouté que vous baiseriez le man-
teau de votre Empereur s'il accordait certaines
libertés...

— Je souhaite ces libertés non point parce que
les hommes y ont droit, mais pour en finir avec
des questions fastidieuses. Si je guéris un malade, c'est plutôt pour ne plus l'entendre crier,
que pour le rendre à la vie...

— Mais, mon vieux Gourf, vous êtes une espèce de monstre !

— Peut-être bien ! Je suis adorateur d'une
déesse autoritaire. Elle m'ordonne de mettre à
mort tous ceux qui, d'une manière ou d'une autre,
viendraient troubler les cérémonies de son culte !
Mon roman interrompu par la guerre s'appelle
« *Pour sauver Angelica* »... et vous devinez tout
ce que peut signifier ce mot ; « Sauver ! »

Il raconta à Grant certains épisodes de son œuvre. Tout en restant d'aventures, le récit trouvait sa transposition naturelle dans le monde de l'Esprit.

— Sauver ! Il n'y a d'autre vie *sauvée* que celle qui s'écoule sous le rayonnement divin. Mais bourrez donc votre pipe, Grant, et fumez... Maintenant que vous fumez, je dois vous avouer qu'il y a une chose qui me désoriente en vous.

— Laquelle ?

— Quel plaisir vous procure la fréquentation de tous ces soldats de la Légion ? Vous me semblez vous délecter dans la société de ces sergents, de ces caporaux d'Afrique... leurs plaisanteries vous enchantent... leurs histoires vous plaisent... vous êtes extraordinairement à votre aise avec eux... vous les recherchez... vous êtes de leurs beuveries ! Expliquez-moi donc cela !

— C'est très simple, mon vieux Gourf. Les hommes, dites-vous, ne peuvent rien vous apprendre... et moi, j'estime que ce qui me reste à savoir, seuls les hommes me l'enseigneront ! Ne bondissez pas ! Vous avez 24 ans, j'en ai 38. A votre âge, je raisonnais comme vous... et la discussion que vous venez d'avoir avec moi, je l'ai eue avec mes aînés. Dans un temple que je croyais édifié sur des hauteurs inaccessibles, moi aussi, j'ai caché jalousement ma déesse ! Je disposais de l'éternité pour contempler sa face ! Mais un soir,

je ne sais quel séraphin armé a brûlé le temple
et brisé la statue de la déesse ! Je me suis réveillé parmi les hommes, en plein dans la vie...
et le contact des cœurs chauds me convient mieux
que celui du marbre ! C'est pour cela que j'aime
ces vieux soldats, ces spécimens d'une humanité
nouvelle pour moi ! Ils disent sur la vie, sur la
mort, sur le destin, des choses qui m'étonnent !
C'est pour cela que leur rudesse m'attire. J'aime
me sentir un des leurs, complètement !.. J'aime
boire avec eux... pour le plaisir de boire... du
champagne ou du gros vin rouge... du cognac ou
du tord-boyau ! Oui, boire et discuter dans cette
atmosphère de santé et de je m'enfoutisme qui a sa
grandeur ! Ecouter des histoires qui déchaînent
des rires bruyants... et inspirent à ces gens-là des
remarques qui jaillissent comme des éclairs de la
vérité ! La belle vérité humaine se montre en eux,
sans fard ; c'est comme de la chair que je vois
palpiter ! Ce sont des êtres véridiques... L'aventure a façonné leur âmes.

— Croyez-vous ?

— J'en suis sûr. Elles offraient une matière
admirable. Vous recherchez les belles hypothèses
métaphysiques, les théories ingénieuses,... moi,
je recherche les curieux échantillons humains...
un tempérament me séduit plus qu'une intelligence... et la plupart de ces soldats ont du tempérament. Tous, ou presque, se sont engagés à la

suite d'extravagances... et commettre des extravagances dénote une nature riche et un sang généreux...

— Ils étaient intéressants, jadis, peut-être. Maintenant ils ne pensent qu'à boire et dormir.

— Que voulez-vous ? A force de vivre en présence de la mort, ils ont compris qu'ils ne disposaient pas de l'éternité !

Brusquement, sur toute la ligne, branle-bas d'artillerie. Grant se lève et écarte la toile de tente. Tout le secteur est embrasé.

— Venez voir, Gourf, quel feu d'artifice !

A ce moment, de gros projectiles éclatent dans le village.

— Nous sommes bombardés, Grant.

— Je le crains.

Le propriétaire frappe à la porte :

— Messieurs, venez donc vous réfugier à la cave... c'est plus prudent.

Ils refusent. Le propriétaire n'insiste pas.

Après un silence, Grant, demande :

— A quel sentiment obéissez-vous en restant ici, Max ?

— Je l'ignore ; mais pour rien au monde je ne bougerais ! Et vous, Grant, pourquoi restez-vous ?

— Pour vous tenir compagnie...

— J'aimerais mieux mourir que faire un mouvement !

— Vous êtes paresseux, Gourf.

— Oui, je suis habituellement paresseux ; mais, ce soir, je crois que je suis saoul !

— Comme un Légionnaire ?

— Non, comme un Russe ! Ma cervelle est nette. Nous pouvons continuer à discuter.

— Il serait plus sage de dormir. Nous avons, demain à quatre heures, marche de bataillon.

— C'est vrai. Bonsoir, Grant.

— Bonsoir, Max ! Soufflez la bougie !

*
* *

Le surlendemain, retour aux tranchées. Pendant le rassemblement, Grant serre la main de Laurençot. Il a touché une capote neuve : elle est trop grande et lui va mal.

— Mon vieux Laurençot, tu es fabriqué comme l'as de pique !

— Ça ne sort pas de chez Carrette !

— Tiens, une terrine de foie gras !

— Je n'ai besoin de rien...

— Prend-la pour me débarrasser. J'ai ma musette pleine.

— Envoie alors !

Un coup de sifflet : départ. La D² est en première ligne ; l'escouade de Laurençot au poste d'écoute. A l'heure du café, un choc métallique ; comme écho, un soupir étouffé... et le caporal Laurençot tombe, la tête trouée par une balle qui a ricoché contre la plaque de tôle formant la toiture du poste.

Ce jour-là, aucune plaisanterie, aucun rire dans la ligne avancée où veillait la 2e compagnie du bataillon D. Ce fut le deuil. Evidemment, le service se fit. On mangea la soupe, mais sans remarquer qu'elle était froide et recouverte d'un doigt de graisse.

— C'est déjà bien beau de pouvoir la manger !

Le soir, dans la cagna, comme on parle encore de la mort de Laurençot, le sergent Charles s'écrie :

— Et ben quoi ? il est mort ! Et puis après !

— Crâne pas, père Charles, on t'a vu pleurer !

Bel hommage funèbre, croyez-le, que ces larmes de vieux soldat, connaisseur d'hommes, exemple de bravoure ! Bel hommage, aussi, que cette tristesse qui durcit les yeux gris du capitaine Junot.

Après deux jours d'agonie, Laurençot mourut. Par ordre du général Pein, son escouade descendit des tranchées pour lui rendre les honneurs. Dans cette guerre, le héros ne peut pas désirer de triomphe plus conforme à sa mort sans éclat.

*
* *

... Des fleurs, partout des fleurs ! Chaque motte de terre encore saine abrite une touffe de verdure. Le printemps ! Quelle sensation charmante : la nature n'est pas morte ! Les jours sont plus longs ! Comme je parlais du printemps, à un vieux d'Afrique, il haussa

les épaules : « Les jours plus longs ? Peuh ! Nous serons bombardés deux heures plus tard, le soir ! Voilà
ce que c'est que le printemps ! » Evidemment, cette
façon de penser dénote quelque sagesse. Est-il triste,
est-il gai, ce printemps dans la désolation ? Je l'ignore !
Nous sommes beaucoup à oublier les ruines, pour ne
plus voir que les corolles ! Les Russes sont comme
des enfants devant les fleurs. Ils arrachent dans les
champs, les bois et les jardins, des primevères, des
pervenches et des pivoines. Ils les transplantent sur
le bord des parapets, les combinent en corbeilles ou
en platebandes. On ne fait plus de bagues, on jardine !
Avec les fleurs, les oiseaux ! Des mésanges à tête
noire, des pinsons, des bergerettes.

L'autre matin, un obus éclate contre un pan de
muraille, très haut et très étroit, au sommet duquel,
sur un tuyau de cheminée, sifflait un merle. Nous l'a-
vons vu, au moment où les pierres retombaient, jaillir
du nuage de poussière, s'en dégager, pour ainsi dire,
prendre son vol, se percher, plus loin, sur une autre
ruine, se secouer et, de nouveau, chanter.

*
* *

Przemysl est pris. On fête la victoire. Programme : 1°, salve d'artillerie par toutes les pièces
du secteur ; 2°, feux de mousqueterie ; 3°, exécution des hymnes alliés par la musique du 118°,
aux tranchées, pour la circonstance ; 4°, cris divers poussés par les hommes ; 5°, clôture de la
cérémonie par de nouvelles salves d'artillerie.

Comme supplément à ce programme, les Russes, pendant la nuit, amoncellent, devant les tranchées allemandes, des boîtes de singe et des boules de pain. Au-dessus de ces victuailles, ils plantent une pancarte : « Acceptez ces présents, en souvenir de notre victoire ! » — Les Boches se vengèrent en bombardant Reims et les villages voisins, comme l'apprit le bataillon, le surlendemain, en arrivant au repos.

Triste semaine ! Dans le groupe du sergent Charles, la mort du sergent Laurençot a laissé un grand vide. Une marche conduit la compagnie D² à Louvois. Les hommes vont au cimetière. Dans le coin des Légionnaires, devant la tombe du caporal, il y a déjà quelqu'un debout, peut-être en prière : le capitaine Junot.

*
* *

Il est à peu près officiel que la division marocaine doit quitter la Champagne pour une autre partie du front. On interroge, à Verze..., les secrétaires d'état-major, les chasseurs de l'escorte. Personne ne sait rien.

Et on retourne au canal. Il neige. On en a plus haut que les chevilles.

Depuis le mois dernier, les abris ne se sont pas améliorés. C'est la misère !

Après la neige, la pluie ! Une pluie diluvienne

qui nivelle le pays et le transforme en marais blanchâtre. Le flot de boue entre dans les abris. Les parois en sont tellement détrempées qu'il est impossible d'y fixer des chevilles pour tendre, au plafond, les toiles de tente qui ont cédé sous le poids de l'eau. Les rats noyés se réfugient auprès des hommes. Contre mauvaise fortune, il faut faire bon cœur.

Une matinée de soleil met à sec l'affreux marécage dans lequel les compagnies pataugeaient depuis trois jours. Voici que les arbres sortent du brouillard, leurs branches chargées de jeunes feuilles. Au sommet des rameaux, pies et corneilles construisent leurs nids, véritables postes d'observation. Les peupliers se jettent, l'un à l'autre, des écharpes de lianes qui retombent sur les buissons. Des faisans filent le long des rives du canal où l'herbe se lustre. Des pinsons viennent manger les miettes de pain que les hommes sèment devant les cagnas. Et les pinsons leur donnent, en échange, de merveilleux concerts. Des capotes, des couvertures, des toiles de tente sèchent sur des cordes tendues entre les sapins. Des pervenches décorent le seuil des abris et les chemins. Avec des mousses, des herbes, des pierres et des éclats d'obus, deux Légionnaires dessinateurs composent, sur le sol, un Coq gaulois et une Aigle russe. D'autres installent une luxueuse salle à manger, en forme de tonnelle. La belle humeur, l'entrain des hommes ravissent les chefs.

Après la soupe du soir, Midowitch et Furlotti donnent des représentations comiques. Ils improvisent des pièces satiriques où la gaîté du guignol russe rencontre, de manière étrange, la faconde du guignol italien. Pétrouchka-Midowitch saisit avec esprit ce qu'il y a de ridicule dans les rodomontades de Paillasse-Furlotti. Il n'y a aucune amertume dans ses critiques ; mais quand un trait inattendu et trop direct de Paillasse laisse Pétrouchka sans réponse, Pétrouchka danse et invite ses compatriotes soit à l'imiter, soit à l'accompagner de leurs chants. Les scènes grotesques se terminent, ainsi, sur des concerts. Soudainement grave, Midowitch dirige, en véritable artiste, des chansons populaires et des hymnes religieuses. Elles ont toute leur vertu, sur cette plaine désolée, ces voix faites pour s'élever dans les solitudes qu'elles peuplent de rêves.

Aux chœurs russes succèdent les chants espagnols. Quel contraste ! Le Catalan Lobera chante. Ses camarades l'excitent en frappant des mains et en imitant le frémissement des mandolines et des guitares. Cela est magnifique et brutal ; cela évoque les bouges de gitanes, les odeurs des jardins en été, le vin doux, les disputes et les coups de couteau... et, pour certains, cela évoque les restaurants de nuit, à Montmartre.

Les Russes chantent pour eux-mêmes, à l'écart. Les Espagnols chantent pour plaire. Leur cercle s'organise tout près de la cagna du capitaine qui sort, avec ses lieutenants, pour écouter et applaudir.

Puis, à l'ordre des sergents, les hommes se taisent, et laissent la nuit aux appels des chouettes et aux inventions des rossignols.

Dans les abris, une question se pose. Où ira-t-on, en quittant la Champagne ? — aux Dardanelles ? — au Maroc ? — Se reformer au dépôt ?

— Vous ne voyez donc pas — s'écrie le sergent Charles, — que nous sommes au printemps, que le grand chambardement se prépare ! et que nous en serons ! Au lieu de vous livrer à des suppositions qui prouvent que vous êtes des ballots, vous feriez mieux de **numéroter vos abatis** !

CHAPITRE VII

Rabiot. — Le sergent Glorian. — Une lettre de poilu exemplaire, et la discussion qu'elle entraîne. — Léonard le jaloux. — Sur les femmes. — Contre le cafard. — Sensibilité. — On quitte la Champagne. — A Cermiers. — Vers Paris. — Désillusion. — Voyage.

Selon son habitude, il accompagne la patrouille. Des feux de mitrailleuses obligent les hommes soit à s'espacer, soit à se « planquer » dans des trous d'obus.

Mais à l'aube, Rabiot ne rentre pas avec ses compagnons.

La pluie ; la brume s'étend...

— Il se sera perdu.

On n'y croit pas. Cela ne lui est jamais arrivé, depuis quatre mois qu'il suit le bataillon, et plus spécialement la D^3.

— Il est peut-être aux cuisines !

Les corvées en reviennent. Les cuistots ne l'ont pas vu. Vers 3 h. de l'après-midi, le vent chasse les nuages et le brouillard. Le capitaine, avec sa lorgnette, découvre, entre les lignes, une tache noire et qui bouge, semble-t-il.

— C'est lui ! C'est Rabiot !

On demande des volontaires pour aller ramasser le chien, à la nuit. Toute la compagnie se présente. Les camarades avec qui il est tombé — sans un cri — iront le chercher. L'obscurité venue, on sort... Dix minutes après, Rabiot est ramené. En reconnaissant son régiment, il agite la queue ; et alors — seulement alors — quand il sent que cela n'a plus d'importance, il pousse un soupir humain ; ses pattes se raidissent, ses yeux se ferment...

Il est enterré, près de deux autres soldats. Sur sa tombe, une croix, et cette inscription :

Ci-gît

RABIOT

*chien fidèle du 2ᵉ de Marche du 1ᵉʳ Etranger
Mort au champ d'honneur.*

C'est officiel : à la fin du mois, on change de secteur.

— Sans regrets, on n'a pas idée d'un temps pareil !

— Certes, il pleut partout, au printemps, mais pas comme ça ! Des giboulées qui durent des journées entières !

— C'est la faute aux bombardements ! Le déplacement de l'air...

— Dites donc, là, au lieu de faire de la météorologie, vous feriez mieux de combattre l'inondation de boue ! Plus un pouce de sec dans cette sacrée cagna !

Le sergent Glorian pousse un strident éclat de rire accompagné par le traditionnel :

— Si c'est pas malheureux de voir ça !

Un type extraordinaire que le sergent Glorian, fourrier nouvellement débarqué à la D²; blond, moustache soignée, yeux bleus de viveur clignotant derrière les verres du lorgnon. Dans le civil, il s'occupe de théâtre. Il a mis en scène, à Bruxelles et à Paris, « *la Veuve Joyeuse* », « *Rêve de valse* » et d'autres opérettes qu'il sait par cœur. On dit de lui : — « Glorian ! toujours en train ; toujours content ! Moral parfait ! » — Il répond qu'il s'est empoisonné le sang au théâtre ; qu'il vient se reposer à la guerre, et se refaire une santé ; qu'il est décidé à ne jamais « se biler » ; et que pour en arriver là, quelques bouteilles de Champagne suffisent. C'est le plus magnifique buveur de la compagnie.

Ce soir, les journaux excitent son hilarité :

— Si c'est pas malheureux !

— Tu l'as déjà dit ! Quoi de neuf ?

— Ecoutez !

D'abord, lecture des communiqués. On les discute sérieusement, comme il sied. Ensuite lecture d'un article décrivant la vie des tranchées, et les tranchées elles-mêmes. On écoute. Puis :

— Oh ! non, ils la salissent ! Qui a écrit cela ?

— Pas signé.

— Fâcheux.

— Faut croire qu'il y a des secteurs bénis !

— Après avoir lu ça, on donnerait bien un louis, par jour, pour passer un mois avec nous !

— Cette description tenterait un milliardaire américain !

— Non, mais où as-tu vu des poêles, des salles de douche.... Nom de Dieu ! — Les quatre piquets qui retenaient, au plafond, *la toile de tente* cèdent sous le poids de l'eau. Glorian est inondé.

— *De quoi te plains-tu ! La v'là, la douche !..*

— Il s'agissait de s'expliquer ! Mon sa cest *foutu...*

— Fallait pas le laisser ouvert !

— Un petit larquet, pour le pauvre sergent ! Et après avoir bu :

— Les tranchées qu'on vous dépeint, là-dedans, ça doit être des tranchées pour cinéma...

— Ou des tranchées modèles, pour la prochaine exposition universelle.

— C'est pas pour rouspéter, mais ces gens-là enlèvent tout le pittoresque de notre existence ! Et sur l'air de la Valse de « *la Veuve Joyeuse* », Glorian improvise :

O paille pourrie, sur laquelle on s'étend,
Cadavres de rats qui puez au printemps,
Os de côtelettes,

Poux de quatre cent vingt,
Propreté parfaite,
O quel séjour divin...

Et le chœur, en sourdine, fredonne le refrain.

— Voilà comment on rigole en seconde ligne !

— Evidemment, — reprit Glorian, — il serait plus noble d'écrire à nos familles une lettre dans le genre de celle que publie un journal quotidien...

— Va pour la lettre !..

— Oui, mais à quelle heure relève-t-on le secteur de garde ?

— A minuit. On a le temps. La lettre ?

— Voilà, — commence Glorian après un court silence, — la lettre est écrite par X..., soldat au X...ᵉ, régiment de X..., à X..., en première ligne !

— Les lettres exemplaires sont toujours écrites des premières lignes !

— Ça impressionne !

— Ne m'interrompez plus, tas de soulographes ! Ecoutez et méditez : « Chers parents, ne vous faites « pas de mauvais sang pour moi ; mais enviez-moi ! « Je défends une cause sacrée ! je suis au poste « d'honneur en 1ʳᵉ ligne, face à l'ennemi ! Mon fu- « sil est à mon côté. Je viens de prendre la garde, « et je prends la plume pour vous écrire...

— Nous autres, après la garde, on dort !

— Après avoir bu le café que les copains ont tenu au chaud, si possible...

— Et avant d' « en écraser », on ranime le feu pour ceux qui rentreront au matin.

Glorian continue sa lecture :

« Pendant les repos, je pense à la grandeur du devoir et à la beauté du sacrifice... »

Nouvelles interruptions :

— S'ils sont beaucoup de ce calibre-là, à l'escouade, ils doivent s'amuser !

— Y en a-t-il long sur ce ton ? — demande le sergent Charles.

— Une colonne !

— En v'là assez ! Ce qui me console, c'est que ce boniment à la noix de coco a dû être composé par quelque journaliste calamiteux, — tonne le sergent Charles, en endossant son équipement :

— Amour de la patrie, honneur, devoir, sacrifice et tout le bazar... comme si nous ne les avions pas, tous ! au fond du cœur, ces sentiments-là ! Comme s'ils n'étaient pas tout notre cœur...

— T'excite pas, père Charles, tu vas débiter un sermon, toi aussi...

— Un sermon de soldat, tas de ballots ! Tiens, un petit larquet à la santé du poilu exemplaire !

On lui remplit la moitié de son quart ; et, le posant derrière lui, près d'un rondin :

— Etaler de beaux sentiments, à l'heure actuelle, quand on a l'honneur de servir, me paraît aussi insupportable que d'entendre un million-

naire parler de ses châteaux, de ses rentes, de
ses automobiles et de ses valets brodés d'or et
d'argent ! Nos sentiments : voilà notre fortune !
N'en faisons point parade...

— Bravo, père Charles !

— Je vous le dis, il n'existe pas sous les drapeaux de ballot assez épais, de bourreur de crâne
assez stupide pour écrire des boniments comme
ceux du mystérieux soldat X...

On lui objecte :

— A la Légion, peut-être ; mais dans les autres
régiments ?...

Mais le père Charles n'entend rien. Il a sur le
soldat des idées très nettes :

— A mal fait son service celui qui, retour de
garde ou du travail, par des temps comme nous
en avons, ne s'étend pas comme une brute et
dort... crevé ! En dehors du service, quelles sont
nos préoccupations ?... savoir si on pourra mé-
goter du charbon pour faire réchauffer la soupe
et le café qui nous arrivent glacés.., savoir si on
trouvera un peu plus de paille et un peu plus
d'alcool... et cela pour le bonheur de tous... Oui !
si j'avais son adresse, je lui répondrais, moi, au
poilu exemplaire ! Ceux qui étalent des sentiments aussi beaux ont besoin d'avoir le moral
remonté. Quand l'âme crie si fort, c'est qu'elle
est malade ! Voilà ce que vous dit un vieux cro-
codile de l'Indo-Chine et de Madagascar, du Sa-

hara et du Maroc... un vieux soldat, routier de carrière, fils du peuple et Légionnaire !

Il saisit son quart :

— Il n'était qu'à moitié, — s'écrie-t-il ; — et voilà qu'il déborde !

Le miracle s'explique. Le quart avait été placé près du toit, et les gouttes d'eau, tombant d'une fissure, l'avaient, peu à peu, rempli :

— De la boisson gâtée, si c'est pas malheureux !

Et s'adressant à ses hommes :

— La deuxième, debout! Pour la garde !

De 10 heures à 15, repos. On astique les armes rouillées par la pluie ou par l'humidité de la nuit ; on gratte les souliers et les molletières avec le couteau qui servira, quelques instants après, à couper la viande et le pain. La lettre est encore à l'ordre du jour. Les avis sont partagés. Certains la déclarent très belle ; d'autres, grotesque.

— Bah ! — conclut un homme, — il faut bien réconforter ceux de l'arrière.

— Ils n'ont pas besoin de ça !

Celui qui parle est un grand garçon au teint olivâtre, à l'air inquiet et dur. Il est né à Salonique, mais, habitant Montparnasse depuis 18 ans, il se considère comme un boulevardier. Il est marié et employé de commerce. Une légère blessure au bras a nécessité, il y a deux mois, son évacuation. Il a été soigné, aux portes de Paris, dans un dépôt d'éclopés, et a pu passer quelques demi-journées sur les boulevards, avant de rejoindre le régiment. Aussi — il le prétend — est-il bien renseigné sur les gens de l'arrière.

— Ils ne s'en font pas !

On l'interroge ; il décrit Paris sous des couleurs épouvantables : partout la débauche et l'orgie ! !

— Tais-toi donc, Léonard, tais-toi donc ! — ricane un Espagnol avec son accent rauque. — Tu vois tout en noir parce que tu es jaloux ! La jalousie a crevé ta poche à fiel, et tu vois tout avec des yeux empoisonnés !

Car Léonard est jaloux. Il en convient naïvement, le malheureux ! Sa jalousie alimente les plaisanteries des Espagnols et de Furlotti. Ils employent à l'irriter une malice de démons, une science de tortionnaires. Les Espagnols lui chantent des chansons de leur pays où la femme est comparée au serpent qui se cache dans la fleur ; au vin dont l'ivresse est mortelle ! Leurs nerfs exaspérés par la fatigue et le manque de sommeil trouvent dans la méchanceté une détente, un soulagement. Les Russes plaignent l'infortuné Léonard. Pourquoi le faire souffrir ? Mais les Espagnols, eux, se divertissent au jeu. Léonard est-il triste :

— Tu penses à ta femme, Léonard ?

— Est-elle en de bonnes mains, Léonard ?

— Que fait-elle, pendant que tu exposes ta

peau en patrouille ou au travail... pendant que tu couches sur la paille moisie, dévoré par les totos, effrayé par les rats ?...

— Mange-t-elle au restaurant, pendant que tu bouffes de la bidoche et du singe ?

Léonard se met en colère, menace, exhibe son couteau, puis se calme ; il est timide. Parfois il s'enhardit :

— Et ta femme à toi ?

— Ma femme ? — répond Furlotti, — mais je m'en fous ! — Léonard est-il gai :

— Tu as reçu une belle petite lettre d'amour, Léonard ?

— Oui... et un colis !

Il lit à ses camarades un passage tendre de la lettre, et partage avec eux le colis.

— T'es un bon bougre, Léonard, tout de même ! Tout ce qu'on te dit de ta femme, c'est pour te faire aller...

— Tu es trop jaloux !

— Vous avez raison, moquez-vous de moi !

— Faut-il être ingrat pour être jaloux d'une femme qui vous écrit de si belles lettres et vous expédie de si magnifiques colis !...

Mais ce soir-là, Léonard soutient, en dépit des plaisanteries, que l'on s'amuse trop à l'arrière :

— Quand tu arrives, tu as l'air de les déranger !

— Léonard ! ta crise de fiel va te reprendre ! Tu vas nous faire croire que Madame Léonard n'a pas été fière de circuler à ton bras, sur le boulevard. Tu as dû avoir un fier succès avec ta ceinture bleu foncé sur ta capote bleu horizon !

— Ce sacré Léonard, il a été le premier à toucher la nouvelle capote ! Nous autres, on traîne les vieilles frusques ! Et tu te plains, Léonard !

... Une mélancolie profonde suivait, toujours, les discussions sur les femmes. Malgré son cynisme, Furlotti lui-même demeurait rêveur.

— Tu penses à ta femme, Furlotti ?

— Je pense aux femmes, — rectifiait-il, — avec une grimace de Paillasse. — Ça manque !

— Pas tant que la paille fraîche ou le légume !... Depuis trois jours on ne mange que de la bidoche, dans le rata !

Un silence tombait, lourd de pensées intimes. Bien des hommes revivaient alors leur existence, cherchaient si leur femme avait ou non des motifs pour se réjouir de la séparation. Certains se mettaient à écrire ; d'autres relisaient de vieilles lettres qui noircissaient dans la poche intérieure, à côté du livret militaire. Et le cafard établissait son règne.

Le sergent Charles n'aime pas cette espèce de cafard. Que l'on grogne contre le travail, la garde, la pluie, la boue et les rats, c'est régulier, c'est normal. Mais s'abrutir sur des pensées grotesques ! Non, par exemple !

— Tas de ballots ! Si c'est pour penser à vos familles, pour vous rendre neurasthéniques et

pour montrer des gueules de poissons pourris
que vous vous êtes engagés, vous auriez mieux
fait de rester chez vous, dans les jupes de vos
femmes ! Personne ne vous demandait rien ! Ne
savez-vous donc pas...

Il se lance dans un grand discours sur le dé-
vouement, la magnanimité des épouses, des mères
et des sœurs.

— Sergent, je ne vous savais pas défenseur de
la femme...

— Grant, je suis le défenseur de tout ce qui
peut maintenir intact le moral de mes hommes !
Et surtout je suis un homme qui a lutté et qui
lutte encore contre toutes les espèces de cafard !
J'ai plus arraché de pattes aux cafards que je n'ai
de poils au menton ! Nous sommes des soldats,
c'est entendu !... Nous sommes là pour crever,
c'est entendu !... Nous crèverons noblement, c'est
entendu !... Mais, souvent, on se souvient que l'on
est des hommes ! que l'on a une famille, des in-
térêts ; que l'on aime le plaisir, la vie, quoi ! Et
quand je sens que c'est ce ferment-là qui monte
aux cervelles, je deviens inquiet ! Je comprends,
moi ! C'est parce que le soldat doit lutter aussi
contre cet ennemi-là qu'il est superbe ! Et je veux
aider à cette victoire...

— Sergent, vous vous attendrissez...

— J'aime les soldats ! — Et, changeant de ton :
— il y a dans l'antiquité une magnifique histoire.

La voici : un Empereur voit défiler ses troupes. Il pleure. — « Pourquoi pleures-tu ? » — lui demande un de ses généraux. — « Parce que je pense que, dans cent ans, aucun de ces beaux jeunes hommes ne sera vivant ! »

— Sergent, vous allez faire comme l'Empereur !

— C'est vrai ! Je suis stupide ! Seul un dictateur peut se payer un tel luxe de sensibilité. Je suis un ballot... nous sommes tous des ballots ! L'humanité est un magasin de ballots plus ou moins précieux, tous étiquetés, tous enregistrés... et envoyés, à tour de rôle, à destination... Et notre heure est arrivée : nous allons quitter le magasin pour le hangar, je dirai même que nous sommes à quai...

— Alors vous croyez ?...

— Que ça va barder quelque part ? Certainement !

— On prétend que nous allons au dépôt ?

— Pourquoi faire ?

— Reformer le bataillon. Les morts, les blessés, les malades ont réduit l'effectif d'un tiers.

— On recevra des renforts là où il faudra. Ne vous inquiétez pas !

*
* *

Dans le village de Pru... se rencontrent des visages inconnus : les officiers des régiments qui relèveront la division marocaine, dans 48 heures. On les regarde sans aucune espèce de sympathie. C'est pour eux que l'on a creusé à 8 m. sous terre des abris confortables, et que l'on n'a pas eu le plaisir d'étrenner ! C'est pour eux qu'on a accompli un turbin de géant : 12 h. par jour, à la pelle, à la pioche, par tous les temps ! Pour eux, que l'on a décoré les parapets de pervenches et de jonquilles ! Pour eux, les jardins embellissant les carrefours où les cheminements se croisent ! Pour eux, que l'on a semé les graines de radis et d'épinards qui lèvent... Il faut quitter le secteur, les bons cantonnements où l'on était chez soi. Il faut courir sa chance ailleurs !

En attendant, repos à Ver... Le temps de se laver, d'offrir ou d'accepter un dîner d'adieu, de boire les dernières bouteilles de Champagne. Et, par une belle nuit, en route pour l'inconnu !

Les noms des villages traversés indiquent que l'on se dirige vers Reims. Il fait froid ; la terre est dure ; on marche en silence et vite. Quelques fusées éclairantes brillent au loin, de temps à autre, le long des lignes dont on s'écarte progressivement.

On croise un bataillon arrêté pour la pause. Dans un groupe à peine distinct, car la route est large et l'ombre épaisse, une voix dit :

— Pour avaler une côte à une pareille allure, il n'y a que les troupes d'Afrique ou les

Chasseurs. Eh ! les poteaux, quel régiment ?

— Légion !

Une voix avinée bredouille :

— Un régiment de braves ! Je veux aller avec la Légion !... ce sont des braves !

Coup de sifflet ; cliquetis d'armes ; grincement de courroies... et les deux bataillons, en sens inverse, défilent, occupant chacun un bord de la route. On entend des :

— Bonsoir, les gars !

— Bonne chance, les potes !

— Ça se tire, hein ?

— Patience ! Y en a pus que pour dix ans !

Puis les voitures du train passent... et le roulement des roues, le bruit des brodequins des hommes et des sabots des bêtes décroît et meurt.

L'aube se lève. L'aurore. Les coups de canon du matin se perçoivent à peine. Pendant les pauses, on mange. Les bidons et les musettes ont été garnis à Ver...

— Quel que soit l'endroit où l'on aille, on en aura toujours pour quelques jours à tourniquer. Autant de pris !

Des officiers ont allumé une cigarette. On peut donc fumer ; ça colle ! La vapeur légère et bleuâtre des pipes voltige au-dessus du bataillon content. Les capitaines vont et viennent le long de leur compagnie. Voici le capitaine Junot sur son petit canasson blanc tacheté de roux ; le capitaine d'Allens sur sa grosse bête brune ; le capitaine de Sampigny sur son cob noir qui ferait bonne figure aux Acacias, un matin de printemps ; puis voici, sur son étalon arabe, blanc comme un flocon de shrapnell français, le commandant Muller. On se dirait en promenade, dans le plaine d'Avignon.

Sans armes, sans équipement, la capote déboutonnée sur la veste, les fourriers se montrent, à un détour de la route. Ils ont le sourire : le cantonnement est bon, certainement. Les renseignements sont bien vite demandés et donnés. Il y a, à Cermiers, des magasins, et surtout une belle fontaine : de l'eau, de l'eau abondante, claire et fraîche ! Quel luxe !

Les sections se séparent et cantonnent dans de vastes fermes. Elles y trouvent beaucoup de paille, et de la paille propre. Comme ceux de L..., comme ceux de V..., les habitants de C... croyaient, tout d'abord, que la Légion était composée de mauvais sujets, voire de repris de justice. Mais la douceur et la politesse des Russes gagnèrent rapidement la sympathie de chacun. Puis, comme en Champagne, les hommes dépensèrent beaucoup d'argent. Les soldats sont comme les femmes, quand ils ont de l'argent, ils le dépensent ; mais entre les soldats et les femmes, il y a une différence : le soldat achète sans marchander. Il y a de tout à

Cermiers ; on peut même excursionner dans les bois des environs, et y cueillir des narcisses, des pervenches et de petites fleurs violettes.

— On resterait bien là jusqu'à la fin de la guerre !

Cette constatation précède de peu l'ordre de départ.

La route coupe la forêt de la Montagne de Reims. La beauté du sous-bois émeut les âmes les plus rustres. Autour des branches fines, les feuilles nouvelles forment un léger brouillard qui se mêle à celui de la nuit ; la lune légèrement voilée colore ces vapeurs, et une brise très douce les déplace. Les rossignols chantent ; des hulottes jettent leur appel ; et comme fond d'harmonie à ces chants délicats, le bruit sonore et rythmé du bataillon en marche.

Un « potin » circule et prend consistance ; on va s'embarquer à G... pour renforcer la garnison du camp retranché de Paris !

Soudain, au bas d'une côte, entre deux monticules boisés : des lumières ; puis des feux verts et des feux rouges ; puis un panache de fumée blanche. Une maison en brique : la gare. Contre la façade, une pancarde où se lit ce nom : « G... ». Le long du quai, des wagons ; en queue du convoi, le train de combat. On est bien à G... et on s'embarque.

Puisque la première partie du programme se réalise, pourquoi la seconde — voir Paris ! — ne se réaliserait-elle pas ?

Au moment où le train s'ébranle, retentissent des chants militaires russes et espagnols, bientôt dominés par la *Marseillaise*, puis par « *Si tu veux faire mon bonheur, Marguerite, Marguerite* »... qui est décidément la scie préférée par le bataillon.

Paris !

Tout le monde descend. Pendant que le commandant va aux ordres, on interroge un employé du chemin de fer :

— Avez-vous vu passer des tirailleurs et des zouaves ?

— Oui.

— Vers où les avez-vous dirigés ?

Une hésitation, et l'homme répond :

— Vers le Nord !

Les mines se renfrognent ; ceux qui n'avaient pas cru que l'on irait se reformer au dépôt triomphent.

— Fallait être piqué jusqu'aux moelles pour s'imaginer que l'on nous offrirait une saison au bois de Boulogne !

— Carao ! — grommellent des Espagnols qui comptaient bien visiter Paris.

Un Cosaque s'approche de Grant, et lui montrant le Sacré-Cœur éblouissant dans la lumière pure :

— Voilà Paris, Monsieur caporal ! — Il hoche la tête, et ajoute : — C'est malheureux !.. C'est malheureux de pas voir ça !

— C'est la vie, mon vieux Boldéroff !

Il aurait bien voulu, comme la plupart de ses compatriotes, rester quarante-huit heures à Paris :

— Beaucoup camarades, à Paris...

Boire une tasse de thé à la Rotonde était aussi le rêve de Mitelman :

— J'y rencontrais, avant la guerre, un monsieur... plusieurs messieurs avec qui j'avais de grandes discussions. Ils m'appelaient, amicalement, l'anarchiste, parce que je déclarais aimer la paix, le travail et la science !... Eux ne parlaient que de revanche, de batailles ! Ils étaient plus militaires que les plus militaires de nos adjudants et sergents de la Légion !... Et, aujourd'hui, moi, l'anarchiste, je suis caporal dans l'armée française... et eux, les enragés, ils remplissent, très vaguement, une très obscure fonction dans un bureau très obscur !... N'est-ce pas très étrange ?

— C'est normal.

— Je veux bien, mais...

Un ancien du régiment les interrompt :

— On y est jusqu'au cou, les gars ! — Il a des tuyaux certains ; c'est en Belgique que l'on va se cogner ! Les Boches ont rappliqué ferme, sur l'Yser !

Le père Charles est furieux : impossible de rien acheter ! Défendu de s'approcher des barrières ! Les territoriaux sont incorruptibles !

Gourfinkel, assis sur le marchepied de son wagon, contemple le morceau de Paris qui porte le Sacré-Cœur :

— L'an dernier, j'étais-là, — murmure-t-il. — Et devant le spectacle que m'offrait la ville immense, je songeais à la phrase de Kipling, dans la *Lumière qui s'éteint*, je me disais : « Quelle ville à piller ! »

— What a city to loot ! — ajoute Grant.

— Si les Allemands étaient entrés à Paris, — continue Max, — je me serais tué !

Très grave, il se découvre, et les yeux fixés sur la basilique :

— Je dis : « Vive la France... et mon cher petit Montpellier... ma faculté, mes maîtres, ma chambre, mes livres, le théâtre où j'allais, tous les soirs, en smoking ! »

Il se tait, les bras inertes le long du corps, l'âme enlevée par la rêverie.

Une sonnerie de clairon : chacun regagne son compartiment. Pourquoi le nier ? On manque d'allant... surtout parce que musettes et bidons sont vides. Se contenter de ce que le ravitaillement donnera, en cours de route, on sait ce que cela signifie :

— On va la **sauter** !

— Serrez les ceintures !

Ce n'est pas ainsi que marchent les Légionnaires ! Quand il faut travailler à la pelle et à la pioche, le Légionnaire travaille, mais en rouspétant... car il faut être « dingo » pour trouver amusant un exercice qui consiste à remuer de la terre et de la boue, pendant des nuits entières. — Quand il faut se battre, le Légionnaire se bat, mais alors sans rouspéter, avec le sourire ! — Quand il ne faut ni travailler ni se battre, il veut être satisfait, c'est-à-dire bien manger, bien boire et bien dormir.

Les Légionnaires n'ont qu'un but : diminuer le plus possible les souffrances de la campagne. Non point parce qu'ils sont douillets, mais parce qu'ils jugent inutile d'offrir à Dieu, à ses Anges et à ses Saints des privations qui n'amèneront pas la victoire un jour plus tôt. Comme ils sont raisonnables, ils pensent que le Père Eternel l'est aussi... et que dans le Paradis des soldats, il accueillera avec beaucoup plus de plaisir et de considération le débrouillard qui a fait des kilomètres pour procurer quelques litres de vin aux compagnons, que le ballot qui aura crevé et de faim et de soif et de froid.

Donc, en s'embarquant pour le Nord, le bataillon n'était pas content.

Heureusement, voici que des baraques d'un hôpital d'évacuation, construit parallèlement à la voie ferrée, sortent des infirmières. Elles agitent leur mouchoir, leur tablier, crient : « Vive l'armée ! » Mille bouches, en réponse à l'ovation, hurlent *la Marseillaise*. Et cela suffit pour ramener la gaîté et l'insouciance. On chante ; même les officiers, qui n'auraient pas été fâchés, eux non plus, d'aller voir si Paris avait beaucoup changé, depuis la guerre.

Les localités succèdent aux localités. L'aspect du paysage se modifie. Vers le soir, le train se range près d'un convoi emportant un régiment d'artillerie belge, nouvellement formé. Les harnais sont anglais ; les chevaux, canadiens ; les pièces, françaises.

— Tu parles de fraternité !

Cette rencontre ravit les Belges du bataillon.

Une station plus loin : des Anglais. Les Légionnaires interpellent deux maigres gaillards qui arpentent le quai, et leur tendent leur bidon et de l'argent :

— Achetez-nous du vin, de la bière !

Les Anglais sourient, sans répondre.

— Pouvez pas vous grouiller ? On est des frères, oui ou non ?

Les Anglais sourient toujours, mais ne bronchent pas.

— Grouillez-vous !

Un employé intervient :

— Taisez-vous ! Ce sont des officiers !

— Ah ! mince alors !

Le voyage continue. A l'aube, après une interminable nuit, le clairon sonne. Tout le monde en bas !

Et les compagnies somnolentes s'acheminent vers Béthonsart, au nord d'Arras.

TROISIÈME PARTIE

A L'HONNEUR, EN ARTOIS

CHAPITRE PREMIER

L'Artois. — Une nuit aux tranchées. — La prière du Tirailleur. — L'espion. — Le catalan Taras. — Avant l'attaque. — Kordochenko. — L'attaque retardée. — En avant, les enfants !

— Un triste patelin !

Effectivement Bethonsart offre l'image de l'abandon et de la pauvreté. On sent que là, tous les hommes sont aux armées. On ne rencontre que des femmes, des enfants et des vieillards, tous mornes. Les champs ne sont plus cultivés ; le fumier envahit les cours des fermes ; les granges sont vides, et leurs murs de roseaux et de boue s'écroulent ! Le bassin où les bêtes, jadis, venaient boire, n'est plus qu'une mare dont les eaux noires comme de l'encre répandent une odeur nauséabonde ; les rues sont défoncées par le passage incessant des convois et des troupes. Un seul puits creusé à 30 mètres de profondeur fournit une eau saumâtre ; pas de magasins ; rien à boire, si ce n'est une sorte de bière aigre ; rien à manger, si ce n'est du mauvais fromage et du saucisson dur...

par contre, on trouve des œufs, de beaux œufs frais qui ne coûtent que trois sous les deux ! Bah ! une cure d'œufs, après la cure de champagne, de Verzenay, cela ne peut être malsain ! Et puisqu'on va attaquer — c'est officiel — autant vaut-il se faire des forces !

On campe en plein air, sous les tentes. Heureusement, il ne pleut pas. La chaleur est même excessive. Dormir à la belle étoile, les fusils alignés devant les guitounes, quelle volupté ! Dès l'aurore, le chant des coqs nous réveille ; puis les poules annoncent qu'elles ont pondu leur œuf... et les hommes courent les chercher au nid. Mais pendant le reste de la journée, quel effroyable ennui ! Dans une prairie en pente douce, des sections font la sieste. Tous ces corps étendus évoquent une vision de champ de bataille.

Le village est petit, divisé en deux secteurs occupés chacun par un bataillon.

Après trois jours de repos, on boucle les sacs. Les compagnies se mettent en marche. On remarque que les mitrailleuses forment une compagnie à part ; que le nombre des pièces est augmenté ; qu'il existe, en plus, une compagnie de mitrailleuses de brigade dont l'effectif est fourni par les zouaves, les tirailleurs et les légionnaires.

Terrain plat ; horizon mouvementé par de très légères ondulations. De longues routes droites traversent des champs d'herbes sèches. Sur ces routes blanches, des barres noires s'avancent, comme doucement poussées : ce sont des bataillons d'infanterie ; de l'artillerie ; des convois. Tous paraissent glisser vers le même point.

Voici des artilleurs connus en Champagne ; puis les zouaves de Sillery ; les tirailleurs de la Pompelle. A un carrefour où se croisent plusieurs routes : le général. Sa division est sous ses yeux, là, dans la plaine nue et étincelante au soleil. A un carrefour, les unités semblent « en pagaille »... mais elles se meuvent avec un ordre parfait. Les arabas des tirailleurs, les voitures, les fourgons se mêlent, se séparent, poursuivent leur chemin. Il en est ainsi pour les masses d'hommes.

Le canon ! Il y avait longtemps qu'on ne l'avait plus entendu, le vieux frère ! Soudain, un ballon-saucisse. Durant une pause, on admire sa belle couleur blonde ; la délicatesse des cordages qui retiennent la minuscule nacelle ; les ballonnets qui flottent à l'arrière... mais sa forme grotesque inspire des plaisanteries. A un coude de la route, en contre-bas, s'étendent des clairières où sont parqués les chevaux de l'artillerie du secteur : des centaines de bêtes que leurs conducteurs pansent, ferrent ou mènent à l'abreuvoir.

Au sommet de la côte, se montre le village d'Acque. Les hommes cantonnent soit en plein air, soit sous la guitoune, soit dans de grandes baraques en planches montées par le génie, et qui serviront, plus tard, d'ambulance.

A peine installés, les Légionnaires envahissent les cafés, les épiceries et les charcuteries.

L'endroit est bon ! Confortablement assis, les coudes sur la table, et servis par des jeunes filles, on boit du vin rouge et du vin blanc, de la bière… et bien des choses défendues ! Les habitants sont accueillants. Ils prennent des pensionnaires, blanchissent le linge, rendent tous les services que le civil peut rendre au soldat. Les belles heures de Verzenay et de Bouzy revivent. Six jours s'écoulent ; on descend aux tranchées par des routes bordées de batteries de grosse artillerie, et encombrées de troupes et de camions automobiles chargés d'obus.

Il a plu. On fait connaissance avec une nouvelle espèce de boue : la boue rouge ; la terrible pâte que compose l'argile et l'eau. Cette pâte envahit les boyaux qui, partant du Mont Saint-Eloi, traversent la ferme de Berthonval et mènent aux premières lignes, en face des positions allemandes des « Ouvrages blancs. »

Les postes d'écoute sont à 25 mètres de ceux de l'ennemi. Dans les tranchées, pas d'abris : des anfractuosités dans lesquelles on peut, à la rigueur, s'asseoir.

— Oh ! les belles tranchées de Champagne ! Où sont-elles ?

— Les fainéants qui nous ont précédés auraient bien pu creuser quelque cagnas, bon sang !

— On compte sur nous pour la pelle et la pioche !

Mais allez donc travailler cette argile qui s'effondre constamment par gros blocs mous. Et puis, pas le temps de travailler : il faut rester là, l'œil attentif, le fusil sur le parapet, le doigt sur la gâchette. Pour se garantir des torpilles : la chance !

La nuit tombe. L'horreur de la nuit est grandiose, poignante. On racle doucement la terre pour préparer les parallèles d'attaque. Quelques mètres d'argile séparent les poitrines des masses qui vont se heurter. Et cette bande d'argile est pleine de rumeurs, semble-t-il. Le génie termine des sapes et des mines : on le sait, et on croit percevoir les coups assourdis des pics et des pioches. Et on croit percevoir, aussi, dans l'espèce d'hallucination des silences parfaits, des respirations et des mouvements d'hommes — et soudain éclatent, comme par crises, des feux de mousqueterie et des mitrailleuses : le bruit d'une averse de grêle qui crève. — Le sanglot d'une rafale : le vent s'abat sur les fils de fer barbelés, se déchire aux pointes des réseaux ; c'est un sifflement comme on en entend dans les landes plantées de genêts et d'aubépines ou sur le pont d'un navire, pendant la tempête. Parfois toutes ces clameurs s'élèvent ensemble et composent un déchirant soupir !

Through the sharp hawthorn blows the cold wind.

Les postes de secours de la division marocaine sont installés dans la ferme de Berthonval. De cette vaste école d'agriculture, rien ne reste, sauf les murs des édifices encadrant la cour centrale. Sous ces édifices : des carrières de pierre tendre ; des couloirs de plusieurs kilomètres s'enchevêtrent, se coupent, tournent autour des salles soutenues par d'énormes piliers. C'est une véritable ville dessinée en labyrinthe. Par endroits, à la lueur d'une bougie, des isolés campent, font la cuisine. Des cheminées renouvellent l'air étouffant. Quand un gros obus tombe sur la ferme, le sol tremble, et des quartiers de craie se détachent des voûtes. Aussi est-il interdit aux compagnies de séjourner dans les carrières. Dommage ! car des régiments pourraient s'y abriter. Mais ceux qui, au cours de la campagne, ont été pris dans des éboulements, ceux qui connaissent le poids et le goût de la terre, en gardent une telle terreur qu'ils comprennent fort bien cette défense des chefs.

Les Allemands ont occupé la ferme de Berthonval. Ils tirent sans discontinuer, sur les endroits découverts, les passages, et dans les environs de la pompe où les troupes viennent remplir leurs bidons. Délicate affaire ! Malgré les ruses, malgré les conseils des sentinelles, les « amochés » sont nombreux.

— Hein, vieux, ça n'est pas la pompe de la ferme des « Marquises », en Champagne ! Ça sifflait, là aussi, mais on avait, pour se garer, une charrette, un beau morceau de mur peint en bleu... ici, c'est comme la main !

Au poste de secours, beaucoup de blessés et des morts. Les morts seront enterrés au petit cimetière d'Ecoivre ; les brancardiers divisionnaires transportent les blessés à l'arrière.

Voici que l'on amène un sergent indigène de tirailleurs. Par nuit noire, il était en reconnaissance avec son lieutenant et quelques Marocains. Une patrouille ennemie les surprend ; des coups de feu sont échangés. Chez les Français, pas de pertes ; mais au moment où les tirailleurs se replient, le sergent pousse un cri et tombe, poignardé.

Il râle, sur un brancard, le sang aux lèvres. Un grand nombre de blessés sont rassemblés dan s la grange. Certains, légèrement touchés, causent en fumant ; d'autres plus douloureusement frappés gémissent. Une lanterne éclaire la scène, et de grandes ombres se meuvent sur les murs.

Le sergent appelle :

— Mon lieutenant ! Mon lieutenant !

Le major l'interroge.

— Mon lieutenant ! Mon lieutenant ! — répond le tirailleur d'une voix caverneuse, rauque, horrible à entendre. Le lieutenant entre, s'approche, se baisse :

— Eh bien, ben Arbi ?

— Mon lieutenant !...

Il lui tend la main, murmure :

— Le prêtre !... monsieur l'aumônier !

L'aumônier de la division, le noble abbé Dubreuil (tué, quelques jours après, en chargeant avec ses zouaves) est à côté ; on va l'avertir.

— Monsieur l'abbé !... Mon lieutenant ! — reprend l'indigène.

Un silence. On croit l'homme mort. Mais, dans un souffle :

— Je veux prier ! — fait-il.

L'abbé s'agenouille. Tous ceux qui sont là se découvrent en entendant le sergent réciter, avec le prêtre, le *Pater*. Puis il meurt.

Dans un coin, une voix s'élève : c'est un caporal de l'infanterie alpine qui raconte comment il a reçu une balle dans les reins, en allant remplir son bidon à la pompe.

Un bruit de crosse, sur la dalle du seuil :

— Poste de secours ?

— Oui, vieux...

— Du turbin pour le toubib !

— Quel régiment ?

— Légion ! Compagnie D³.

Conversations pendant que les majors opèrent.

— On y passera tous à ces postes d'écoute !

— Ils sont trop près.

— Ça sert à rien qu'ils soient si près. Le commandant l'a dit.

Près de la porte :

— Bonsoir, vieux.

— Donne de tes nouvelles.

— Bonne chance, les gars ! — C'est un blessé qu'on évacue. Dans un groupe, dans l'ombre :

— Qu'est-ce qui se passe, là-haut ?

— Ça flotte... et on tire... Il y a un boche accroché dans les fils de fer et qui gueule : « Kamarade ! » depuis deux heures.

— On va pas le ramasser...

— Plus souvent... pour recevoir une volée de pois ! Ça ne prend plus le « Kamarade ! »

Un événement grave s'est déroulé au début de la nuit. Un Espagnol le raconte — impossible de dire dans quel surprenant français, agrémenté d'injures adressées à la Vierge, ainsi qu'à la mère et à la sœur du voisin :

— Voilà, on était au poste d'écoute, le caporal, deux Espagnols et trois Russes. Quelqu'un appelle en boche :

— « Eh ! camarades, camarades allemands ! »

On veut tirer. Mais un Russe qui parle allemand répond :

— « Qui es-tu ? Que veux-tu ? »

L'autre, l'inconnu, réplique :

— « Je suis espion, j'ai pu enfin déserter ; j'ai des renseignements. »

Le Russe répond :

— « Tu es devant les tranchées allemandes. Avance sans crainte, camarade ! »

Et à l'instant même où l'espion saute dans la tranchée, six baïonnettes le clouent au sol !

— Bande de vaches à lui tout seul, celui-là !

— Ça se faufile partout, ces serpents !

L'aube. On dépose, au poste de secours, le Bavarois qui, pendant toute la nuit, a crié dans les fils de fer. Une balle a coupé son artère fémorale gauche. Il n'a plus une goutte de sang dans le corps. Sous sa chevelure rousse, se montre sa face blanche comme de l'amidon. Des notes trouvées dans une de ses poches indiquent que son régiment tenait, il y avait une semaine encore, les tranchées de Champagne, en face de Prunay.

— Ils nous ont suivis !

— Le monde est petit !

Un peu plus tard, entrent deux hommes équipés qui en conduisent un troisième. Ils le tiennent par les poignets. C'est un garçon de moyenne taille sec et brun. Il a des regards furieux. De son front, du côté droit, à la racine de ses cheveux, d'un trou, coule du sang épaissi par une matière blanche.

A une demande du major Chazal, un des hommes répond :

— Espagnol...

A ce mot, le blessé hoche la tête en signe d'assentiment, se frappe la poitrine, et pousse une sorte d'aboiement :

— Roua... oua... roua !

— Comment t'appelles-tu ?

Il tend sa plaque d'identité retenue autour du poignet par une chaîne de gamelle.

— Taras, — lit le major.

— Roua... oua... oua ! — répond le blessé.

Un de ses camarades explique alors :

— Nous étions au poste d'écoute. Il a chopé une balle...

Le blessé montre son front, et, avec sa manche, en essuie le sang.

— Il ne veut pas être évacué ! Dès qu'il a été touché, il a mis baïonnette au canon, a voulu sortir.

Taras saisit le fusil de son camarade, pousse son grognement, et, debout, hagard, fait le geste de porter un coup de pointe. Sa main se lève, dans la direction des « Ouvrages blancs. » Il indique, ses aboiements accompagnant sa mimique, qu'il ne souffre pas, qu'il va très bien, mais qu'il ne peut parler. Il réclame un crayon, écrit :

« Je veux faire l'attaque. »

On se regarde. Il regarde, lui aussi, très calme. Quelques secondes pathétiques !

Pour qu'il se laisse panser, on doit lui affirmer que l'attaque est retardée, que le bataillon est relevé, qu'il est même inutile de remonter aux tranchées.

Le major fait appeler les brancardiers :

— On va t'accompagner.

Il refuse. Il partira seul. Il est solide sur ses jambes.

Le médecin auxiliaire Chazal, très ému, sort une cigarette de sa poche et :

— Allumette, if you please !

Taras, vivement, tire son briquet, l'allume et l'offre au major. Il se tourne ensuite vers ses compatriotes, et leur fait comprendre de ne pas oublier son sac, son équipement et ses armes. Les brancardiers de la division sont là. Taras les repousse, salue les majors, serre la main de ses camarades et s'en va, seul, dans la direction d'Acque, attendre sa compagnie — puisqu'on la relève.

Peu avant de donner l'ordre d'attaque, le 9 mai, le commandant Muller parlait de son loyal Catalan. Il voulait le citer à l'armée. Un quart d'heure plus tard, hélas ! notre héroïque commandant allait, lui-même, féliciter son gars, là-haut, au Grand Cantonnement !

La pluie cesse. Durant la journée, bombardement des routes, des batteries, de Berthonval et du Mont Saint-Eloi. Les premières lignes sont trop près les unes des autres : peu d'obus, mais des torpilles.

Des accalmies permettent de contempler le paysage. Face à l'ennemi, on ne voit rien que des réseaux de fil de fer ; puis une légère ondulation de terrain, une vague blanche qui paraît à tous devoir être un nid de mitrailleuses. On sera bientôt documenté à ce sujet. Du côté français, une route parallèle aux positions, et le long de laquelle sont plantés de hauts pylônes. Plus en arrière, le Mont Saint-Eloi, ses deux tours à demi détruites, et constamment entourées par la fumée jaune et noire des projectiles qui éclatent.

Partout de l'artillerie ; des rangées de 75 fin comme des bassets ; des 155 long, bondissant comme des levriers tirant sur leur chaîne ; des 155 court, la gueule en l'air, comme des dogues hurlant à la lune. Ces bêtes, par moments, sont secouées par des crises de rage, aboient sur tous les tons, se taisent et recommencent.

Et les corvées, inlassablement, transportent, aux premières lignes, des torpilles à ailettes, des boîtes de fusées, des bombes et des grenades, sous les yeux bienveillants des territoriaux qui approfondissent les boyaux, réparent les talus, et se font tuer.

Quarante-huit heures de tranchée donnent droit à quatre jours de repos. Pendant ces quatre jours, les renforts, annoncés par le Père Charles, arrivent. Ce sont des Tchèques et des Polonais du 3e régiment de marche, qui a rudement bien travaillé du côté de Craonne. Leur incorporation achevée, les compagnies, à effectif au grand complet, redescendent aux tranchées. Séjour monotone. Comme il ne pleut pas, les aéroplanes, là-haut, se livrent à leurs divertissements habituels. De gros biplans patrouillent devant les lignes, évoluent autour des ballons captifs du secteur et empêchent les « Taubes » de se rendre compte de ce qui se passe à l'arrière. Ils seraient édifiés ! Le moindre hameau, les champs regorgent de troupes. Les convois d'artillerie sillonnent les routes et les chemins.

— Le coup de tampon ne sera pas ordinaire !

— Numérotons nos abatis !

Le silence des canons allemands étonne.

— Pourquoi qu'ils crachent pas ? — explique « un tireur de crapouillot », — c'est simple à comprendre. Ils ménagent leurs munitions... et quand on ira à l'attaque, ils nous recevront, mon vieux !

— Penses-tu ! — réplique un de ses camarades.

— Quand on attaquera, y aura pus personne, en face. Nous avons — il cite un nombre invraisemblable de pièces, et ajoute : — Quand toutes ces cloches se mettront en branle, ça fera un joli carillon !

Sur ce mot, le sergent Glorian fredonne :

Digue, digue, digue din don,
Oh ! le joli carillon...

qui est, comme on le sait, le refrain de la chanson
de M. Dupanloup. Et cette chanson est murmurée
d'autant plus volontiers que les trois jours de
garde sont écoulés, et que l'on s'en retourne à
Acque.

Les baraques où cantonnaient les compagnies
se transforment en ambulances, ainsi que les
églises et les vastes fermes.

Au milieu de travailleurs et les dirigeant, les
hommes reconnaissent, à sa belle barbe assy-
rienne, le major Challier qui fut, quelque temps,
médecin-chef du bataillon. Il est, aujourd'hui, au
service de santé divisionnaire. Il adresse à « ses
anciens clients » quelques mots dans leur langue
natale ; car il s'est appliqué à apprendre un peu
de russe, un peu d'espagnol et de serbe. Mais il
a une longue conversation avec le nègre Totovaine
dont il connaît parfaitement le dialecte ; et Totovaine est très fier.

L'attaque est officiellement annoncée. La Légion est à l'honneur : elle attaque en premier :

« Les hommes partiront sans leur sac ; la toile
« de tente en bandoulière ; et dans la toile de
tente : trois jours de vivres ! »

Des escouades reçoivent des revolvers et des
poignards. Ces derniers sont de formes variées.
Il y a des couteaux de bouchers : étuis de bois,

larges lames droites. Il y a des couteaux d'apaches, à cran d'arrêt. Il y a, enfin, des tiges d'acier dont une extrémité, la poignée, se tord en boucle, et dont l'autre, la pointe, aplatie et aiguisée, rappelle les fers de lance ornant les grilles des portails. Pour couper les fils de fer, voici des cisailles et des crochets que l'on fixe au canon du fusil. On distribue aussi des sachets en toile caoutchoutée. Dans ces sachets, de l'étoupe.

— Cette étoupe, après l'avoir trempée dans de l'eau, il faudra se la fourrer dans la bouche et dans les narines... c'est contre les gaz et les obus asphyxiants et toutes leurs sales drogues !

— Alors comment fumer ? — L'on remarque que les sachets pourront être utilisés comme blagues à tabac.

Les hommes reçoivent, en outre, des drapeaux rouges pour faire des signaux à l'artillerie et des carrés de toile blanche que l'on se coud dans le dos :

— C'est pour que les artiflots nous voient et ne nous tapent pas dedans, quand on avancera !

L'ordre est de traverser les lignes ennemies, sans s'y arrêter, de marcher le plus loin possible. D'autres troupes soutiendront l'attaque, nettoieront le terrain conquis et l'organiseront...

La pluie ! Mais une pluie telle que l'attaque est remise. Il faut rendre cartouches supplémentaires, revolvers, **grenades, couteaux.** Pendant

48 heures, il pleut sans discontinuer ; et, sans discontinuer, la grosse artillerie, les 155 bordant les routes donnent de la voix.

Le soleil revient. On touche, de nouveau, armes, munitions et conserves. Une fois encore, les officiers vont reconnaître le terrain. Grant et Mitelman accompagnent les majors. Un boyau hâtivement creusé, et si peu profond qu'il est impossible, par endroits, de s'y tenir debout, sert de poste de secours. D'ailleurs, infirmiers, brancardiers et majors devront se porter en avant, avec leur bataillon, abriter les blessés et suivre leur unité. Le médecin-chef de régiment a pris toutes les dispositions qu'il est possible de prendre en pareil cas.

Dans les tranchées inondées et à demi comblées par l'argile des talus écroulés, les hommes sont accroupis et recouverts de boue rouge. L'argile sèche vite. Vingt-quatre heures de soleil, et le sol sera praticable. Pour l'instant, c'est un gâchis sans nom dans lequel les obus tombent, parfois, sans éclater.

La boue a établi son empire. Bataillons, bêtes, fourgons en sont revêtus. Les arbres en sont éclaboussés. Les maisons, elles-mêmes, ont la couleur de cette boue envahissante. Des bandes de papier sont collées contre les fenêtres pour empêcher les vitres d'être brisées par les détonations.

Les cabarets d'Ecoivre sont bondés. On y boit

du champagne. Pour beaucoup, c'est bien la dernière bouteille. La brave femme qui sert les soldats a les larmes aux yeux :

— Mes pauvres enfants, il vous en faut, tout de même, du courage !

A se fier aux plaisanteries échangées par les troupes qui se croisent, à la frénésie avec laquelle on veut jouir encore de la vie, avant de prendre là-bas, sur la droite, le chemin de dessous la terre dont on ne ressortira qu'au grand moment de l'attaque, le moral des hommes est parfait. En vidant une bouteille sur le bord du fossé, équipés et boueux, voici des loustics qui parlent des « poules » qu'ils ont laissées au cantonnement.

— La mienne m'a donné un scapulaire.

— La mienne la médaille de Saint-Benoît.

— La mienne un baiser...

— La mienne de l'argent... J'offre une tournée !

— Pour un coup, si on allait en finir avec cette vermine ! C'est ça qui serait bath !

L'ordre du jour du généralissime produit l'effet d'un verre de vin... Non pas d'un vin qui saoule mais d'un vin qui réconforte.

On commente les phrases de l'ordre.

— On ne doit plus rien trouver devant soi ! Tout sera écrasé !

— Les compagnies avanceront, l'arme à la bretelle !

— Promenade militaire, quoi !

— Mardi, on prendra l'apéro à Douai !

Les discussions s'engagent sur les chances de l'offensive. Il y a des pessimistes et des optimistes. Les pessimistes affirment que les « Ouvrages blancs », le premier gros morceau à avaler, est un nid de mitrailleuses ; qu'il y en a plus encore qu'on ne le croit ; qu'à la minute de l'attaque, des pièces qui n'ont pas tiré ou qui n'ont pas été repérées, se découvriront.

— Et une mitrailleuse intacte arrête un bataillon !

Les optimistes hochent la tête :

— La mitrailleuse intacte, on la cueillera au gîte, on la rapportera toute vivante, et on touchera une prime.

— Et puis ce que dit Joffre coïncide avec ce que disent les artiflots. Il y a des milliers de canons ! Et quand on aura arrosé les Boches, centimètre par centimètre... il ne restera plus rien !

— Sans compter qu'il y a quelque chose, comme torpilles !

— Et ça fait du boulot cette drogue-là !

— Quand ça ne vous éclate pas dans la gueule!..

— C'était bon autrefois, quand on connaissait mal le crapouillot ! Maintenant le tir est précis, réglé...

— Comme un état de sergent-major rengagé !

Il y a aussi ceux qui ne sont ni pessimistes,

ni optimistes — la majorité, — ceux qui sont contents, impatients de se battre, enfin ! ceux qui en ont franchement assez de se « les rouler » dans la boue et la saleté ; ceux qui pensent fermement que la guerre de tranchées va finir et bien finir... et que, les lignes allemandes enfoncées, on va pouvoir travailler en rase campagne.

— La guerre, quoi !

— Comme on s'était imaginé qu'elle serait !..

Des Espagnols (*censuré*) ! Une expression terrible durcit leurs regards, et rend étonnamment belles leurs faces sombres.

Sortir de dessous la terre ! L'exaltante aventure !

Parmi les plus exaltés : le Russe Nicolas Kordochenko. C'est un garçon de taille moyenne ; figure plate ; crâne énorme supporté par un cou court posé sur des épaules larges ; longs bras terminés par des mains d'assommeur. Pendant la guerre russo-japonaise, il était matelot cuisinier de l'amiral Makaroff.

— Un jour... une torpille... et boum ! le cuirassé, l'amiral, les marins, tout le bazar... il saute !

Kodochenko fut sauvé, avec deux de ses camarades, par un destroyer japonais.

La guerre le retrouve à Paris, cuisinier chez un haut personnage russe. Comme ses compatriotes, il s'engage dans l'armée française, et est incorporé dans la Légion étrangère. Une suite de circonstances le rend à son ancien métier : il devient cuisinier du commandant. Ses plats sont remarquables et par leur goût, et par la façon artistique dont ils sont présentés. Tous les hommes que leur service appelle, le matin, au bureau du commandant, admirent, sous la toiture où sont installées les cuisines, des gâteaux aux formes compliquées, des viandes splendidement découpées et dressées, des pâtés confectionnés avec des pains de munition recuits selon des formules secrètes. Quand l'occasion s'en présente, Kordochenko bat, pour ses amis, des omelettes et des crèmes...

Aujourd'hui, il a repris son fusil pour l'attaque. Il ne peut réprimer sa joie. Il s'approche de Grant, et montrant les trois musettes qui pendent sur ses hanches et sur son dos :

— Rabiot de cartouches, caporal ! — dit-il ; — rabiot de cartouches !

— Combien en as-tu ?

— Cinq cents... mille... je ne sais pas, moi !

Il a ramassé tous les paquets oubliés dans les cantonnements. Il a peur de n'avoir pas assez de cartouches. Il a l'intention de les brûler toutes.

— Moi, bon cuisinier, bon tireur... et bon pour baïonnette aussi !

Il se livre à une sorte de furieuse escrime, et, souriant :

— Ça, baïonnette russe ! Bon travail, caporal !

Et il court rejoindre ses camarades qui répondent à l'ordre du jour du général Joffre par des chansons militaires.

C'est pour demain.

L'artillerie lourde tonne. Le tir est lent, mais régulier. A la tombée de la nuit, des nuages montent de l'horizon, se rejoignent, et un orage éclate. Au loin, les lueurs blanches et vacillantes des fusées se mêlent aux rouges lueurs des bouches à feu. Le fracas du tonnerre roule dans celui des canons. L'ensemble formé par ces détonations et ces lueurs est tragique. Les hommes, au seuil des maisons ou sous les guitounes, regardent.

La nuit se passe. Au matin, il pleut encore.

— Si ça continue, pourra-t-on partir ?

Cette préoccupation met au second plan l'angoisse qui précède l'attaque.

Vers midi, le soleil ! On ignore si l'on doit partir ou rester. Il n'y a pas d'ordre précis. L'indécision rend les hommes nerveux. On mange avec appétit, on boit beaucoup. Les nerfs se tendent à l'extrême.

A huit heures du soir, arrive une note de la Division :

« Les bataillons de Légion resteront au canton-
« nement jusqu'à nouvel ordre... »

Une détente se produit. La certitude « que l'on

sera encore vivant, le lendemain » répand une gaîté exaspérée. On chante, on rit, on sait à quoi s'en tenir. La nuit qui va venir, la journée qui suivra ne finiront jamais ! Cette nuit, cette journée sont comme une promesse de vie éternelle !

Mais l'artillerie précipite son tir.

Et ces heures qui devaient être éternelles s'enfuient, comme les autres...

Avec les lettres et les colis, parvient l'ordre de départ. On mange gravement la dernière soupe. L'attaque a trop tardé. Ceux qui n'ont jamais pensé que l'on pouvait mourir, y songent soudain. Et ces lettres que le vaguemestre distribue ne sont pas faites pour engendrer la gaîté ! Mais il faut crâner, et l'on crâne. Les préparatifs changent le cours des idées. On accorde un soin extrême aux moindres choses, comme au moment des grands départs : on compte les grenades et les cartouches ; pour un peu, on les astiquerait ; on examine les pointes des baïonnettes. Des Espagnols lancent leurs couteaux dans des planches où ils s'enfoncent de plusieurs centimètres : voilà un jeu excitant !

A minuit, quand les compagnies se rassemblent, la vague d'inquiétude est loin...

Voici la compagnie du génie qui doit attaquer avec le bataillon. Les hommes portent des échelles, des perches avec des pétards de dynamite. Ils ont le mousqueton en bandoulière. Ils passent dans l'aube levante. Quelques mots :

— Alors, vous venez avec nous ?...

— On va nous poser des tapis pour passer...

— Au revoir, les vieux...

— Bonne chance, les gars !

Un coup de sifflet. Le bataillon rangé sur les fossés de la route s'ébranle. Les cartouches cliquètent dans les musettes.

Les grenadiers ont, au poignet, la courroie de cuir pour lancer leurs bombes. Parmi eux, un petit Espagnol de 17 ans, un nommé Hill, montre un entrain splendide. Comme Kordochenko, il a eu peur de n'avoir pas assez de grenades. Il en a « rabioté » une dizaine. Il a un coup de poignet excellent, un œil sûr.

— Je vais en faire du boulot !

Le village d'Ecoivre est silencieux. Sur le seuil des maisons, quelques femmes, cependant, regardent défiler les soldats. Elles leur font des gestes d'adieu, mais sans un mot.

Le boyau d'accès s'amorce sur la route, entre deux éminences boisées. Derrière ces monticules, de grosses pièces d'artillerie sur plates-formes. Au bas des affûts noirs, on lit, en lettres blanches : 270 de siège.

Un arrêt. On parle aux artilleurs.

— Mettez-en, les amis !

— Ayez pas peur, les petits gars !

Ils désignent les obus peints en jaune :

— Ils sont un peu là, les pépères !

— Ne nous les balancez pas sur la gueule, hein ?

— C'est des colis recommandés. Ça va en mains propres !

— Vous êtes vernis, vous autres, les artiflots. Vous l'avez, le filon !

En avant ! lentement. La journée sera belle. Simultanément, deux gros projectiles éclatent entre les tours du Mont Saint-Éloi. Des tourbillons de fumée noire et jaune enlacent les murs blancs dont les arêtes en dents de scie sont touchées par les premiers rayons du soleil.

Dans le pur silence : le sifflement des obus et le chant libre, joyeux, inspiré des alouettes.

Pas un nuage. Le terrain est presque sec. On traverse la ferme de Berthonval et on monte en ligne par le « boyau des meules. » A l'angle d'un carrefour : le commandant. Des hommes les saluent. Il incline la tête :

— Bonjour ! — et il ajoute le nom de l'homme.

Et le salut de l'homme veut dire :

— « On est là, commandant ! Il faut en mettre : on en mettra ! »

Le bonjour du commandant signifie :

— « Je le sais ! »

Les positions sont occupées. Le bataillon C — (composé en majeure partie de Polonais et de

Belges, sous les ordres du commandant Noiret) — tient les postes d'écoutes et les parallèles qui les relient ; le bataillon D, les premières lignes ; massés dans les boyaux, le bataillon A, du commandant Gaubert ; le bataillon B, du commandant Collet.

Le bruit de la grosse artillerie est à peine perceptible, à cause du vent, sans doute, et des accidents du terrain. Les 75 ne tirent pas encore. Selon leur habitude, les Allemands envoient quelques 210, quelques 155 sur les batteries et sur les fermes ; quelques fusants au-dessus des routes.

Soudain, quatre détonations sèches, déchirantes.

— Une batterie de 75 qui prend le petit coup de vin blanc du matin.

— Si qu'on l'imitait !

Les bidons sont débouchés ; les quarts décrochés ; les boîtes de conserves éventrées ; on déjeune. Quelqu'un demande :

— Quel jour, aujourd'hui ?

— 9 mai... Dimanche !

Et Grant fredonne l'air de « Pelléas et Melisande » :

Je suis née un dimanche...

On est assis à terre ; les jambes offertes au soleil qui réchauffe une face du parapet, et le corps dans une ombre encore fraîche.

Les capitaines et leurs lieutenants inspectent, au périscope, les tranchées adverses.

Le commandant passe, la cigarette aux lèvres : tout le monde debout. D'un geste, il fait signe :

— « Repos... Repos !.. »

Nul ne songe à regarder, par les créneaux, ce qu'il a devant lui. Le bombardement intense doit commencer, paraît-il, à quatre heures. Et, à l'heure dite, la fête commence.

Et alors on veut voir. Mais quelques gros projectiles bien pointés et quelques balles conseillent immédiatement la prudence.

De quart d'heure en quart d'heure, le tir de nos pièces s'accélère. Les Allemands ne rispostent que faiblement : pas de 77, rien que des gros obus et des torpilles.

On trouve que l'artillerie française ne tire pas assez.

— Patience !

En attendant, on fait un nouveau déjeuner. Comme dessert, de la gnole, du bon tacco pur.

— Ça, c'est bath !

Et le fracas de l'artillerie devient effroyable. Cependant, on peut encore compter un temps, entre les coups.

— Ce qu'on leur balance !

Les hommes voient, parmi eux, les majors et l'aumônier, l'abbé Gas. Leur présence les rassure.

— Vous allez avoir du travail, monsieur le Major ! Evacuez-moi bien vite !

Et M. Chazal, sa bonne figure épanouie par un sourire ému :

— Sois tranquille, mon petit !

Maintenant, les boyaux sont inondés de soleil. Il fait chaud.

On s'étire et on bâille. Certains s'approchent des créneaux :

— Regardez donc ! Regardez donc !

Dans les tranchées allemandes, mètre par mètre, nos obus tombent, soulevant des belles gerbes de terre. Au milieu de ces gerbes, jaillissent des choses plus grosses : des madriers, des poutres, des rondins, des corps humains, peut-être ! On voit filer les torpilles. Elles montent presque lentement, et disparaissent au bout de leur trajectoire, quand elles plongent. Leur éclatement se distingue de celui des obus. Elles suivent les lignes ennemies ; elles en dessinent les contours, dans l'air, en une série de points noirs qui s'effacent, dès qu'on les aperçoit, et que d'autres points identiques remplacent.

A la gauche de la Légion, les tirailleurs sont à plat ventre, sous les fils de fer. Ils préfèrent recevoir les obus à découvert que dans les boyaux.

L'intensité du bombardement est telle qu'il devient impossible de marquer un temps, entre les

coups de canon. Le bruit est celui d'un roulement de tambour.

Sur le champ plane un brouillard rouge qui voile
le soleil. La lumière est celle d'une éclipse. La craie
des « Ouvrages blancs » semble plus blafarde.

Les hommes sont au parapet. Certains égra-
tignent la terre avec leurs ongles. Plus une parole, dans les tranchées.

On ne pense plus qu'à une seule chose : attaquer brillamment. L'âme de chacun vit dans un
monde inconnu jusqu'alors. Elle se porte aux li-
mites extrêmes du courage tranquille. Plus de
plaisanteries ; plus de fanfaronnades ; pas de ces
mots magnifiques, — ces mots qui, sans doute,
n'ont jamais été prononcés ; ces mots faits à l'arrière par ceux qui gagnent leur vie, en écrivant,
le ventre plein, et les pieds au chaud, qu'il est
sublime que d'autres se sacrifient ! Le soldat ne
parle plus, quand il assujettit sa baïonnette au
canon de son fusil, ou quand il serre autour de
son poignet la boucle de son bracelet de cuir.

On signale les premiers blessés : le capitaine
d'état-major Dame, et le caporal téléphoniste
Huguenin.

L'artillerie, après avoir émietté les fils de fer,
allonge son tir.

Les tranchées d'en face se réveillent. La fusillade crépite. Les crêtes des parapets volent en
éclats sous les balles.

Le capitaine Junot, un pied sur la marche d'un escalier creusé à la pelle-pioche, sa cigarette russe à la bouche, cravache en main, son regard froid électrisant sa compagnie, commande d'une voix douce :

— En avant, mes enfants ! Courage !

Ses hommes, à sa suite, bondissent hors de la tranchée. Certains y retombent, la tête fracassée.

L'attaque est déclenchée !

CHAPITRE II

Considérations. — L'attaque du 9 mai. — La mort du
Commandant. — Cantonnements.

On peut raconter les batailles de l'Empire. Ces
actions, amenées par des manœuvres, commen-
çaient au matin et se terminaient le soir. Leurs
phases, attaques d'artillerie, charges d'infanterie
et de cavalerie se déroulaient d'une façon, pour
ainsi dire, prévue, et leurs mouvements prêtaient
aux descriptions épiques.

Mais allez donc essayer de donner une vue d'ensemble de l'attaque de Perthe ou des Eparges ; de
Notre-Dame de Lorette ou de Souchez ; du Labyrinthe, des Ouvrages blancs et de Neuville-
Saint-Vaast !

Comment parler de ces attaques où le terrain
a été conquis mètre par mètre, souvent à de longs
intervalles ? Comment parler de ces offensives où
chaque homme a été son propre chef... comme
le savent tous ceux, qui, au commandement de
« En avant ! » sont sortis des tranchées.

Et tous ceux-là, il faut aussi le proclamer, dans
leurs ternes uniformes de boue sont des héros

plus splendides que ceux de Friedland et ceux de Rivoli. Ceux qui ont été « là-haut » comprendront. Les autres ? — eh bien, les autres n'ont qu'à se taire, à s'incliner et croire.

La grande attaque du 9 mai 1915 est un magnifique fait d'armes : le premier essai d'offensive de haut style.

On ignorait encore — on peut l'avouer ici, puisque les récits officiels l'ont avoué plus tard — la tactique à employer pour ces sortes d'affaires.

Cette attaque, dont les péripéties rempliraient des volumes, se résume en quelques lignes :

Vers 10 heures, elle se déclenche. Le centre, formé par le 2e régiment de marche du 1er Etranger, soutenu par les tirailleurs et les zouaves, enlève, en une charge foudroyante, les « Ouvrages blancs », « la Targette », « Neuville-Saint-Vaast » et se trouve, à 3 heures après-midi, sur la cote 140. L'avance est de 8 à 10 kilomètres. Sa rapidité a été telle que les renforts n'arrivent pas à temps. Les bataillons d'assaut décimés ne peuvent contenir les contre-attaques allemandes. On garde quatre kilomètres.

Mais pour gagner et conserver ces 4 kilomètres, quelle débauche d'héroïsme ! Quels sacrifices !

Ecoutez :
Le bataillon C sort des postes d'écoute.

Devant les fils de fer, le commandant Noiret, le père des Polonais, tombe une balle dans le cœur. Sur lui, sont abattus, par la même salve de mitrailleuses : le caporal brancardier Van Mengen, un Belge de 50 ans ; le caporal infirmier Oneger, un étudiant russe ; le brancardier grec Théodokis. A leur côté, râle le major polonais Neuflagel, les reins traversés par deux balles...

Le bataillon D suit le bataillon C.

Entre les lignes, le commandant Muller tombe, le foie traversé, et meurt. Près de lui, tombent morts : le sergent-fourrier Glorian ; le sergent-major Nagel...

Au moment d'aborder la tranchée allemande, le capitaine Junot tombe, la poitrine traversée.

En capote, fusil en main et baïonnette tordue, le bras en sang, la face abîmée par un coup de crosse, hurlant et magnifique, le petit lieutenant Vives court comme un fou, et finalement s'évanouit. Son camarade, le lieutenant Gougeux, est tué...

Dans un trou d'obus, le père Charles, la cuisse brisée, appelle les brancardiers ; plus loin, le sergent Ostache est couché..., puis le sergent Donès..., le sergent arménien Manoukian...

Le lieutenant Ceccaldi entraîne calmement les sections de la D².

Près des commandants Muller et Noiret, tombe le commandant Gaubert du bataillon A.

Mais les compagnies avancent. Le système de défense des « Ouvrages blancs » est enlevé.

Les premiers prisonniers allemands longent les parapets ; le feu de leurs mitrailleuses les oblige à sauter dans nos boyaux. Ces prisonniers sont jeunes ; ils rient, et sont employés au transport des blessés ; ils semblent implorer protection contre leurs sous-officiers pris avec eux, et qui les traitent avec une brutalité sans nom.

Le petit grenadier espagnol Hill s'amuse férocement. Avec Kordochenko (gravement blessé plus tard), il jette des grenades dans les abris à demi-effondrés d'où les Boches ne peuvent pas sortir.

— Combien êtes-vous là-dedans ? — demande le Russe qui bredouille allemand.

— Cinq.

— Voilà cinq grenades ! Une pour chacun, et deux de rabiot !

Des éclatements secs, cinglants ; des cris...

— Ils ont leur compte ! A d'autres !

Ils parcourent les boyaux, couteaux à la ceinture, grenades en main.

Elles sont deux fois plus profondes et deux fois plus étroites que les tranchées françaises, ces tranchées des « Ouvrages blancs. » Elles sont creusées dans la craie dure. Des rangées de sacs pleins de terre forment les parapets ou les consolident. Ces sacs ont été confectionnés avec des draps de lit, des tabliers, des chemises, volés

dans les localités voisines. Sur certains se voient
des initiales brodées. Des pare-éclats en acier
protègent les créneaux.

Les abris sont à six mètres sous terre ; on y
descend par des marches d'escaliers. Les cagnas
des officiers sont tapissées en planches ; certaines
sont parquetées et éclairées à l'électricité, meublées d'un lit de fortune, de chaises et de tables.
Des couches de rondins séparées par de la terre
et des plaques de tôle composent la toiture, recouverte d'un amas de sac... Autant que l'on
peut en juger par ce qu'il en subsiste, les abris
des mitrailleuses — elles sont étagées sur trois
rangs : la première pièce tire dans la ligne basse ;
la deuxième à hauteur de poitrine ; la troisième
dans la tête — et des canons-revolvers étaient
solidement édifiés.

Mais rien n'a résisté à notre bombardement.
Les sacs sont écharpés, les abris plus ou moins
effondrés ou démantelés. Dans les boyaux, des
cadavres : certains horribles à regarder.

Il conviendrait peut-être, ici, de faire des descriptions horribles et à effet — mais nous n'y
tenons pas ! Le long d'une banquette de tir, il y
a huit Bavarois, à côté l'un de l'autre ; comme un
pain à cacheter rouge, leur tête écrasée les main-
tient collés contre le parapet ; ils sont gardés par
un neuvième mort, debout, celui-là, et impres-
sionnant, son fusil à la main.

*
* *

Dans les premières lignes ennemies, abrité par des plaques d'acier : un capitaine allemand. Près de lui, quatre fusils, dont un surmonté d'un appareil optique. Un excellent tireur que cet officier, sans doute ! A dix mètres devant lui, et à quelques pas de distance, sont tombés trois de nos commandants et deux capitaines.

Les Ouvrages blancs enlevés, on avance, en terrain découvert, vers la Targette.

Soudain, des mitrailleuses, laissées intactes par notre artillerie, sont mises en batterie par leurs servants et tirent dans le dos de nos bataillons. Pas longtemps..... mais assez, néanmoins, pour faire des vides dans les vagues d'assaut. Les pièces sont entourées :

— Kamarades !

— Ta gueule !

L'aspect du champ, sous le brouillard roux qui s'atténue, est terrible. Parmi les morts, voici Midowich : le pauvre vieux n'a jamais autant ressemblé à Dante ! Près de lui, la face méconnaissable : un cadavre... mais cette barbiche de Méphisto est bien celle de Furlotti... elle est pointée vers Léonard, le jaloux Léonard ! bravement mort, lui aussi !

Le bataillon avance toujours, conduit avec sang-froid et vaillance par les capitaines d'Allens et de Sampigny, les lieutenants Ceccaldi, d'Ostal, Bonnefon et Jourdan...

On va droit devant soi.

Deux ou trois kilomètres séparent les dernières tranchées des Ouvrages blancs des maisons de la Targette. On parcourt cette distance sans grand mal.

Mais, à la Targette, arrêt. Les Allemands sont retranchés. Leurs mitrailleuses tirent. Leur grosse artillerie, — ramenée en toute hâte, dit-on, — se met de la partie. Les 210, les 155 arrosent le terrain. Poussière et fumée redeviennent intenses.

La Targette est prise.

La charge se tourne vers Neuville-Saint-Vaast. C'est plus dur. On procède par bonds, en utilisant les trous d'obus et tous les accidents de terrain. Les unités se désorganisent. Des zouaves se mêlent aux légionnaires ; les légionnaires se mêlent aux régiments du ...ᵉ corps (?) et d'infanterie alpine qui attaquent avec eux.

Dans un abri de mitrailleuse démantelé, des brancardiers russes ramassent un lieutenant de chevau-léger bavarois. Il a la cuisse cassée. Les brancardiers s'approchent. En les entendant parler, le blessé demande, en un français très correct :

— Quelle langue parlez-vous ?

— Russe.

— Comment ? Il y a des Russes, ici ?

— Un bataillon...

— Mais quel régiment ?

— La Légion !

— Ah !... La Légion !... la Légion !... Alors cela ne m'étonne plus !

On l'envoie à l'arrière, avec d'autres blessés.

Entre temps, notre artillerie a démarré. Des 155 court sont placés, à 2 heures de l'après-midi, devant les premières lignes françaises. Ils tirent, à découvert, sous une couronne de 105 fusants boches. A leur tour, les 90 et les 75 avancent. Comme l'ennemi riposte ferme, le fracas des bouches à feu est assourdissant.

*
* *

A 4 heures de l'après-midi, sur la cote 140, une masse d'hommes apparaît.

— Ce sont mes Légionnaires ! — s'écrie le général Pein ! — je vais à la cote 140, avec eux !

Il part avec le colonel Cot, commandant le régiment. Sur la route de Béthune, un obus les abat. Le général est tué ; le colonel blessé.

Au cri : « Mes légionnaires ! » répond cet autre cri :

— Mes tirailleurs ! — poussé par le colonel Cros.

Il veut, comme le général Pein, comme le colonel Cot, aller au milieu de ses hommes victorieux. Il tombe, frappé à mort.

Les divisions d'attaque avancent invinciblement. On ne veut pas croire que l'avance a été si foudroyante, si terrible !

Contre toute prévision, la division marocaine, au milieu de l'après-midi, est bien sur la cote 140. Là, tombent le lieutenant Bonnefon — le capitaine suédois Wetestrom et le lieutenant Doucet, tous deux de la compagnie de mitrailleuses.

— Une division de renfort, et c'est la victoire, nom de Dieu.

— Vous ne voyez rien venir ?

— Rien, mon capitaine !

De front, à droite et à gauche, la division est sous le feu de l'artillerie ennemie. Toute liaison étant coupée, les canons français prennent les bataillons par derrière. La Légion ne bronche pas... pas plus d'ailleurs que les camarades, zouaves et tirailleurs ; infanterie alpine ; gars du Nord et de l'Est.

— Vous ne voyez rien venir, les enfants ?

— Rien, mon capitaine !

Blessé à la jambe le sergent X., un Corse, grimpe sur ce qui reste d'un arbre et signale à l'artillerie d'allonger le tir.

— Mais va-t'en voir avec cette poussière, avec cette fumée !

Il agite désespérément ses drapeaux rouges, et tombe — frappé à nouveau.

— Vous ne voyez rien venir, les enfants ?...

— Rien, mon capitaine !

*
* *

Au même moment, à la ferme de Berthonval, — s'il faut se fier aux dires de gens bien informés, — un commandant allemand prisonnier déclare :

— Vous autres, Français, vous êtes admirables !...

Censuré.

Pour appuyer ses paroles, les 210, les 155, les 105 tombent, tombent...

*
* *

Sur la cote, des uhlans se montrent — certains l'affirment. — Les 75 les enfoncent dans la terre, en quelques secondes.

*
* *

Au sommet de la cote, l'adjudant-chef Thibaut fait sonner le refrain de la Légion, pour rassembler les hommes. Deux clairons tombent. Un des deux est le catalan Marquez. Près de lui, le kabyle Lesky tape sur sa caisse. Un obus lui arrache la jambe droite.

*
* *

Le crépuscule...

Le capitaine d'Allens ramène ceux de la D¹ qui ont pu le rejoindre : ils sont 12.

Et, pendant toute la nuit, des ombres errent sur la plaine éclairée par les fusées.

Ce sont des égarés qui cherchent leurs unités relevées ; des territoriaux qui creusent des boyaux ou les nettoyent, retournent les positions ; des brancardiers et des majors qui ramènent les blessés sur des brancards improvisés, ou dans des toiles de tente.

Les artilleurs travaillent avec fureur.

Les mitrailleurs font entendre leur bruit monotone de hachoirs. Et ce bruit paraît se déplacer, tantôt plus près, tantôt plus loin, tantôt à droite, tantôt à gauche, tantôt il éclate dans toutes les directions à la fois, sur des cadences différentes.

Toutes les rumeurs du champ de bataille, la nuit, se détachent d'un fond de silence d'une extraordinaire profondeur.

Quand ces rumeurs s'apaisent, pour quelques minutes, le silence est affreux, hallucinant. Et on regarde autour de soi. Le vacarme, la fatigue, les spectacles que l'on a eus sous les yeux vous battent la cervelle. On se « raccrocherait » volontiers à quelque chose! A quoi? On n'en sait rien. Plus simplement, on mangerait volontiers. Et, en heurtant des cadavres, on songe à tous ceux qui sont tombés. Puis on se demande quel a été le résultat de la journée. Puis on remarque le ciel plein d'étoiles. Quelle belle nuit! Et, sous ces étoiles, là-bas, vers les hauteurs, des hommes sont à plat ventre et creusent, lentement, tranquillement, des sillons qui deviendront des tranchées...

Les gros obus. Un d'eux arrache les yeux du légionnaire-infirmier Blondell : un Suédois.

Les détonations secouent la terre.

Et l'aube se lève.

Notre artillerie a encore avancé. La fusillade reprend. Les brancardiers divisionnaires viennent ramasser les blessés qui ont passé la nuit, entassés dans des abris. Ils forment de longs convois. Au-dessus d'eux, les shrapnells allemands éclatent sans arrêt. Les gerbes de mitraille, les longs éclats en dent de scie, s'enfoncent dans le sol, avec un sifflement de faux, tandis que les flocons de fumée noire et blanche se dissipent dans la lumière bleue et dorée.

La journée est belle. De nouveaux régiments occupent les tranchées.

Au matin, les bataillons de Légion commencent leur relève et se massent dans les boyaux, entre la ferme de Berthonval et le Mont Saint-Éloi.

Là, une surprise attend le bataillon D. Le vaguemestre Daladier est là, avec le courrier. Il n'en distribue qu'une bien faible part.

— Oui, ce qu'il en est resté, là-haut !

On remercie le vaguemestre :

— Pense donc, venir comme ça, sur le champ de bataille avec les lettres, c'est chic !...

Le sergent a fait mieux encore. Il est allé chercher sous le feu, de lui-même, les dernières volontés des mourants.

— Sergent Daladier, vous auriez bien pu, puisque vous y étiez, apporter les colis, — plaisante-t-on.

On a faim et soif. Peu nombreux ceux qui ont osé prendre des vivres sur les morts. On a bien raflé, cependant, chez les Boches, des boîtes de cigares, des bouteilles de bière et de la charcuterie. On a même goûté le pain KK. Pas mauvais, celui des officiers, tout au moins.

Vers le soir, les brancardiers survivants ramènent le corps du commandant Muller. Les boyaux ont été comblés, par endroits, pour permettre à l'artillerie de se mettre en mouvement. Le cortège s'avance en terrain découvert, sous un bombardement d'honneur. Les Russes qui transportent le corps murmurent leur marche funèbre. Devant la ferme de Berthonval, un général demande :

— Quel régiment ?

— Légion.

— Bien. Passez.

Le général et ses officiers saluent.

Le corps du commandant est déposé à la ferme de Berthonval.

Le commandant n'a pas souffert. Il est tombé dans les bras de l'adjudant de bataillon Dassein et de son cycliste Bacci. Un sourire épanouit ses traits. Et ce sourire est semblable à celui qu'il avait eu, huit mois auparavant, à Avignon, lorsque, à la fin du champagne d'honneur, il avait vu ses Légionnaires se lever, à 8 h. 1/2 du soir, comme sonnait la retraite, pour répondre à l'appel.

Dans les champs entourant les vestiges de la ferme, sont alignés des centaines de blessés, français et allemands attendant leur évacuation.

Recouverts par des toiles de tente : les morts. Pour eux, se creuse un cimetière dans la terre rouge.

De Berthonval à Mont Saint-Eloi, sur les bords de la route battue par l'artillerie : des cadavres de chevaux. Des cuisiniers et des bouchers ont enlevé à certains des tranches de filet.

Les bêtes des batteries qui ont avancé sont rassemblées près d'un boqueteau, tout près des survivants des bataillons. Et les bêtes hennissent et regardent les hommes. Hommes et bêtes se comprennent, semble-t-il, et se félicitent d'avoir « passé au travers », pour cette fois.

Enfin, au coucher du soleil, après 10 heures de station dans un boyau bombardé, ordre est donné d'aller cantonner à Mont Saint-Eloi.

On défile devant les 270 de siège. Les bons gros artilleurs des lourdes pièces sont tout contents :

— Bravo, les petits gars !

— Bonjour, les vieux !

— Alors on en a mis, il paraît. .

— Vous êtes vernis, les artiflots !

— A la prochaine, tu prendras mon flingue... et je tirerai ton cordon.

On rit. On est vivant et on a fait de son mieux

A Mont Saint-Eloi, les cantonnements ne sont pas préparés. Le régiment tombe de fatigue et de sommeil dans les fossés. Un coup de sifflet remet les hommes debout. Ils errent et se traînent dans les rues montantes de la petite ville aux trois quarts détruite et dont les pierrailles brûlées sont dominées par les ruines blanches de deux hautes tours. Mais les cuisines roulantes fument. On aura du singe anglais, de l'excellent *corned beef*, du vin et du pain frais. Un splendide désordre règne ; on en a, du moins, l'impression. Soudain, comme par miracle, on est chez soi, ravitaillé. Chacun s'est débrouillé. Les cuistots savent qu'un homme ne réclamera pas deux fois sa ration. Aussi, quand vous vous approchez d'une cuisine, la gamelle à la main, disant :

— Je sais pas où est ma compagnie, je crève de faim, — le cuisinier, qui vient à peine de quitter son fusil pour reprendre sa marmite, vous remplit votre gamelle.

Sur la place : un transformateur électrique. Contre la porte, un écriteau : « *Danger de mort.* » Grant, Mitelman, Gourfinkel, les majors Chazal et Havet entrent dans la cabine ronde, et s'installent au milieu de fils, de leviers et de machines inoffensives, probablement. On mange, puis on dort, non, on ne dort pas, on en *écrase* ! Et comment !

Le lendemain, rassemblement. Le bataillon se réorganise. Les quatre compagnies n'en forment plus que deux : deux petites compagnies. Le régiment se compose de deux bataillons à effectifs très réduits. On est tellement affairé que l'on ne songe pas à ceux qui ne sont plus !

A la D², on est désemparé. Le capitaine Junot, le lieutenant Vives sont blessés ; les lieutenants Gougeux, d'Ostal sont morts. Morts aussi, le joyeux sergent Glorian, le sergent Nagel ; les sergents Charles, Donès, Ostache, et d'autres encore, ne sont plus là ! Morts aussi, les légionnaires Midowich, Furlotti, Léonard, tous ceux qui amusaient sont morts !

Les mitrailleurs ont perdu leurs chefs. L'aide de camp du commandant Muller, le capitaine Gabet, prend le commandement des pièces. Elle est décimée, la belle section de mitrailleurs scandinaves !

On a la sensation très nette que le bataillon D est mort avec le commandant. Certes, demain, on aura un nouveau chef. Mais qui sera-t-il ? D'où viendra-t-il ?

Les autres bataillons sont aussi très éprouvés. Les Polonais du bataillon C ont perdu « leur père », le bon commandant Noiret ; le lieutenant Rivet, Père de la Compagnie de Jésus, dans le civil,... et combien d'officiers !

Le bataillon A regrette le commandement Gaubert.

A cette liste de morts, s'ajoute le nom de l'abbé Dubreuil, frappé en attaquant avec ses zouaves.

Les hommes des nouvelles escouades ne se connaissent qu'à peine. Ce n'est pas une raison pour ne pas s'occuper de la soupe. A l'instant même de la distribution : ordre de départ. On grogne ; on part, le ventre vide, mais les cartouchières pleines.

La chaleur est accablante. A midi, le bataillon est dans le cheminement, derrière Berthonval, sous une couronne de fusants.

— Ça doit barder ferme, là-haut !

On attend la contre-attaque. Musettes et bidons sont à sec. Un régiment d'infanterie, arrivant de Belgique en auto, défile : c'est un dérivatif. La circulation est lente et compliquée. Des conversations s'engagent. Ceux qui arrivent de Belgique, habitués aux tranchées construites dans le sable, sont émerveillés par la beauté des travaux creusés dans l'argile. Qu'auraient-ils dit, s'ils avaient vu les tranchées de Champagne ! Le défilé, homme par homme, dure jusqu'au coucher du soleil.

Le soir descend ; puis la nuit. Les premiers moments de fraîcheur sont agréables. Bientôt il fait froid. Pendant toute la nuit, on reste debout, le dos au parapet. Pas de ravitaillement.

A l'aube, une fumée légère du côté de la route : c'est une cuisine de tirailleurs. Les hommes qui n'en sont pas trop éloignés s'arrangent pour aller chercher un peu de café chaud. Vers 21 heures, ordre de remonter à Mont Saint-Eloi. Repos de deux jours. Puis on va « plus en arrière. » Phrase magique, après des journées de combat !

On sait, dans le pays, que l'attaque a réussi, que les bataillons d'assaut ont bien travaillé. Hommes au repos ou en réserve, habitants acclament et saluent ceux qui reviennent de là-haut. On traverse un petit patelin. La musique d'un régiment territorial est rassemblée. Elle joue la marche du 1er Etranger, quand la Légion débouche. C'est la première fois que les Volontaires entendent leur marche avec cuivres et bois. Malgré la fatigue, on défile au pas. On apprécie la délicatesse des camarades plus âgés. Très émouvantes, ces cérémonies entre soldats, sans témoins.

A Aubigny, — une grande ville, comparée aux localités dans lesquelles on campe, — soldats et citadins veulent des détails :

— Les Ouvrages blancs ?...

— Vous en faites pas ! C'est pris !

— La Targette ?

— C'est pris...

— Neuville ?

— C'est pris !

— La cote...

— C'est pris.

— Et Souchez?

— Souchez ?

On a évidemment entendu ce nom-là, comme celui de Vimy, de Thélus, de Farbus... Mais y a-t-on été, ce coup-là ? On l'ignore. On ne peut tout de même pas, dans une charge, avaler une province !

Tous les renseignements et les heureuses nouvelles valent quelques paquets de cigarettes généreusement distribués et scrupuleusement partagés. Il y avait longtemps que l'on ne connaissait plus le goût du tabac fin. Sans la pluie qui se met à tomber, la cigarette des braves gens d'Aubigny eût certainement été une des bonnes cigarettes de la vie. Un vrai souvenir !

La route est longue. Des chants s'élèvent.

> Si tu veux faire mon bonheur,
> Marguerite, Marguerite...

est toujours très en faveur. Des Espagnols du Maroc entonnent une sorte de cantilène de marche qui raconte les malheurs d'un Arabe qui a épousé une Européenne. Un soliste commence :

> Mahomet, cueille les fleurs,
> Petit' Marie respire l'odeur !

Le chœur répond :

> Sar'ha, petit' Mari !
> Sar'ha, petit' Mari !

Le soliste :

> Petit' Mari' boit du Bordeaux,
> Mahomet ne boit que de l'eau !

Le chœur :

> Sar'ha, petit' Marie !
> Sar'ha, petit' Marie !

Et ainsi de suite, jusqu'à ce que la mélopée soit couverte par le large chant militaire des Russes.

A Mingoval, le général de division se fait présenter les officiers et sous-officiers du régiment.

— Le 1er Étranger s'est couvert de gloire, —

dit-il — d'une voix faible, mais bien timbrée ;
il insiste : — de la plus grande gloire !...

Censuré.

Le général promet des récompenses. Il conclut :
— J'ai répondu au haut commandement que
48 heures de repos vous suffiraient. Reformez-
vous. Le plus grand honneur que l'on puisse faire
à des hommes tels que vous est de les envoyer au
feu, le plus tôt possible. Là est leur véritable
place ! — Et la main au képi : — Je vous salue,
Messieurs !

Puis, suivi de son état-major, il remonte dans
sa limousine...

Les journaux arrivent. On se les dispute. On
veut lire le *Communiqué*, se rendre compte de la
façon dont l'attaque sera décrite, de l'avance réa-
lisée. Chacun découpe, dans un quotidien, le récit de la prise des Ouvrages blancs, de la Targette,
de Neuville-Saint-Vaast ; chacun met en marge
les rectifications qu'il croit devoir faire, les renseignements qu'il est en demeure d'ajouter.....
et le vaguemestre jette à la poste, le soir, des
lettres très lourdes.

CHAPITRE III

Où sont rapportés les récits officiels de l'attaque —
Un article de Maurice Barrès.

Il n'est peut-être pas inutile de reproduire, ici,
certains des récits des grands journaux.

Dans *le Petit Parisien* du 15 mai, sous la signa-
ture du lieutenant-colonel Rousset :

HOMMAGE A DES BRAVES

*Je ne ferai pas la paraphrase des communiqués qui
se succèdent de demi-journée en demi-journée et apportent à nos cœurs les fortes émotions de la victoire.
Ce serait en déflorer le rigoureux laconisme, qui n'a
besoin, pour être compris, d'aucune explication.*

*Dans cette lutte formidable qui dure depuis cinq
jours, nous avons pris décidément la supériorité sur un
ennemi qui ne recule devant aucun crime, comme a
dit M. Millerand, d'un mot lapidaire, et qui a opposé
à nos efforts une résistance farouche, celle de la bête
aux abois. Nos troupes admirables, conduites par des
chefs dignes d'elles, ont renversé tous les obstacles,
brisé des remparts de moellons, des murs de béton et de
ferraille, culbuté les masses qui, de jour et de nuit,*

essayaient de rompre leur élan. Et, dans le réduit de Carency, fortifié comme une citadelle, quatre bataillons ennemis ont été exterminés ou pris. C'est, comme dit le communiqué général, — qui ne parle encore, il ne faut pas l'oublier, que de la journée de dimanche, — le plus grand succès obtenu dans la guerre de tranchées entamée il y sept mois.

Et je ne sais vraiment ce qui se recommande le plus à notre attention, de la préparation si minutieuse, si prudente et si parfaite de cette opération, — c'est-à-dire le mérite des chefs, — ou de l'étonnante vigueur de l'exécution, — c'est-à-dire la valeur des soldats.

Quand on suit l'attaque pas à pas, à travers le dédale des fortifications, qui faisaient de ce champ de bataille une sorte de cité de castors aux lignes tortueuses et enchevêtrées, on est émerveillé à la fois et de l'adresse avec laquelle a été conduit le bombardement ment préparatoire, qui, négligeant les points secondaires, s'occupait surtout de paralyser le défenseur sur ses saillants importants, et de l'habileté d'un dispositif qui, pour débusquer l'ennemi de sa position principale à Notre-Dame-de-Lorette, le menaçait brusquement sur ses deux flancs en même temps.

Mais quand on lit le récit de la conquête des Ouvrages blancs, par exemple, alors on sent passer un frisson d'orgueil, à penser que les auteurs de si fières prouesses sont de notre terre et notre sang. « C'est un flot qui roule, nous dit-on. Les hommes, avec un mépris prodigieux de l'adversaire, ne s'arrêtent pas aux tranchées qu'ils débordent. Tout au plus murent-ils parfois, dans les abris dont elles tentent de sortir, des sections entières d'Allemands. Au passage, à la baïonnette, ils en-

foncent ceux des ennemis qui leur barrent la route, et toujours ils continuent. Les « Ouvrages blancs » sont loin derrière eux... »

Bien que tout le monde ait pu lire ce passage épique, qui ne serait point déplacé dans les immortels Bulletins *de 1806, je le cite tout de même encore, car c'est un morceau de littérature militaire qu'il faut que nos petits-enfants sachent par cœur.*

Et l'exemple donné par les officiers fut également superbe. Voici un régiment qui perd trois chefs de bataillon sur quatre. Le colonel, le général de brigade tombent à leur tour.

(OFFICIEL).

Les combats qui se sont livrés depuis dimanche, au nord d'Arras, ont valu aux troupes françaises un succès particulièrement brillant.

L'ensemble de nos attaques entre Loos et Neuville-Saint-Vaast a fait tomber en nos mains plus de 3.400 hommes, une douzaine de canons et une soixantaine de mitrailleuses, plus de 50 officiers, dont un colonel. Le dénombrement de notre butin n'a pu d'ailleurs être achevé.

Parmi ces attaques, celle qui a été menée sur la partie du front qui s'étend du nord de Carency au nord de Neuville a été particulièrement heureuse. Elle a valu au corps d'armée qui en avait été chargé une citation à l'ordre de l'armée. Jamais récompense ne fut mieux méritée.

LE TERRAIN.

On a souvent parlé de Carency dans les comptes rendus des derniers mois.

De ce village, il ne reste que des ruines, mais des

ruines très fortement organisées par l'ennemi, qui, poussant une pointe dans nos lignes, se reliait à son système général de défense par la route de Carency à Souchez, puissamment protégée par des tranchées creusées au sud de cette route.

Le front descendait ensuite du nord au sud, dédale inextricable de tranchées, d'ouvrages, de boyaux, dont les principaux points d'appui étaient constitués, à l'ouest de la route d'Arras à Béthune, par le village de la Targette.

A l'est de la Targette, le village de Neuville était pour les Allemands un second centre de résistance aussi solide que le premier.

Enfin, la route de Neuville à Givenchy-en-Gohelle, à l'est de la route de Béthune, à peu près parallèle à elle, formait, sur la crête qui domine la plaine jusqu'à Douai, un dernier et formidable retranchement.

LES RÉSULTATS.

On peut résumer brièvement les résultats de notre victoire de dimanche dans ce secteur, en disant que :

1° Nous avons pris d'assaut la Targette et la moitié de Neuville ;

2° Nous avons enlevé et dépassé les ouvrages allemands à l'ouest de la route Arras-Béthune, cette route elle-même jusqu'aux abords de Souchez, et les trois-quarts de la route Neuville-Givenchy.

3° Face au nord, nous avons conquis les ouvrages allemands au sud de la route Souchez-Carency, par laquelle les Allemands communiquaient avec ce dernier village et poussé nos tranchées jusqu'à la route même.

L'est de Carency a été enlevé d'assaut. En progressant vers le nord, nous l'avons investi de trois côtés, si bien que ses défenseurs n'ont plus de communication qu'avec Ablain-Saint-Nazaire, débordé, lui aussi, par notre progression.

4° Notre gain, dans ces différentes actions, a varié de 2 à 4 kilomètres. Nous avons enlevé trois centres puissants de résistance : la Targette, l'Ouest de Neuville, et l'Est de Carency. Le nombre des lignes conquises est, suivant les points, de trois ou de cinq. Dans ce seul secteur, nous avons pris 1.900 prisonniers, une trentaine de mitrailleuses et 6 canons.

LA PRISE DE LA TARGETTE.

L'attaque sur la Targette, menée par une division voisine du corps d'armée cité à l'ordre de l'armée, a été conduite avec une audace remarquable et un succès complet.

L'artillerie avait par son tir démoli une grande partie des défenses accessoires. Un certain nombre de mitrailleuses avaient échappé cependant à la destruction et l'ennemi tenait toujours.

Au premier bond, notre infanterie atteignait les lisières, mais elle y fut arrêtée par des feux de flanc. Elle reprit l'attaque aussitôt, et, partie de ses tranchées à 10 heures, elle tenait, à 11 h. 15., la totalité de la Targette, ayant fait 350 prisonniers, pris plusieurs pièces de 77 et de très nombreuses mitrailleuses.

Tenant la Targette, elle était maîtresse de la croisée des chemins Arras-Béthune et Mont-Saint-Eloi-Neuville. Elle s'y organisa rapidement, grâce au zèle héroïque des sapeurs du génie, et continua sur Neuville.

L'ATTAQUE DE NEUVILLE.

Le village se présentait à elle en forme de pointe. C'était, suivant l'expression d'un officier, « un vrai paquet de mitrailleuses et de lance-bombes ». L'assaut fut donné cependant et, vers 15 heures, nous attaquions l'église.

De chaque maison crénelée, de chaque cave organisée en tranchée couverte, l'ennemi tirait sur nos hommes. On conquit cependant, maison par maison, la moitié du village et, malgré toutes les contre-attaques, on garda le terrain conquis. Ce fut une lutte épique dans les décombres et la fumée.

De minute en minute, augmentait le nombre des prisonniers. Nous les voyions sortir de leurs trous, sordides de saleté, hébétés de notre bombardement, ahuris de notre élan et, d'instant en instant, vers l'issue du village, des colonnes étaient dirigées que nos cavaliers conduisaient vers l'arrière à la grande joie des populations.

LA CONQUÊTE DES OUVRAGES BLANCS.

Pendant ce temps, plus au nord, l'attaque, partie de plus loin faisant un bond en avant plus important encore.

Elle ne rencontrait pas sur sa route de villages, mais débouchant du bois de Berthonval, elle avait en face d'elle d'abord une masse de bastions et de tranchées que nos troupes appelaient les Ouvrages blancs, parce que, creusée dans un sol crayeux, elle couronnait la crête d'un labyrinthe blanchâtre : ensuite les organisations de la route Arras-Béthune ; enfin, les pentes retranchées de la falaise de Vimy, dominant de plus de trente mètres la plaine de Berthonval.

L'attaque, comme au sud, se déclencha à 10 heures 30 ; nos troupes, ayant parcouru sous le feu plus de quatre kilomètres, s'engageaient sur les hauteurs.

Ce que fut cet assaut, ceux-là seuls peuvent le comprendre qui l'ont vu se développer et les mots leur manquent pour le décrire.

Deux régiments sont sortis à 10 heures des tranchées de Berthonval. L'artillerie, particulièrement efficace, leur a ouvert la route. Les fils de fer sont détruits, mais beaucoup d'abris sont intacts, avec leurs mitrailleuses.

La ligne avance pourtant. Elle bondit, s'incline, disparaît un moment, reparaît, dépasse les tranchées, où l'ennemi tient encore et continue à tirer.

C'est un flot qui roule. Les hommes, avec un mépris prodigieux de l'adversaire, ne s'arrêtent pas à ces tranchées qu'ils débordent. Tout au plus, murent-ils parfois dans les abris, dont elles tentent de sortir, des sections entières d'Allemands.

Au passage à la baïonnette, ils enfoncent ceux des ennemis qui leur barrent la route et toujours ils continuent. Les Ouvrages blancs sont loin derrière eux.

LA ROUTE DE BÉTHUNE ET LA FALAISE

Voici la route de Béthune : nouveau bond. Les bataillons de tête escaladent les pentes à l'est, et, derrière eux, les autres arrivent, tuant, emmurant ou expédiant sur l'arrière tout ce qu'ils rencontrent.

Nos officiers tombent en grand nombre. Sur quatre chefs de bataillon, il n'y en a plus qu'un debout. L'un *des colonels est grièvement blessé. Le général de brigade, qui s'est porté en avant avec ses troupes, **a** la poitrine traversée d'une balle.*

N'importe : on continue. On redouble d'ardeur. Les hommes vont au pas gymnastique, sautant par-dessus les tranchées ; ils attaquent la crête et la couronnent.

Une estafette part, atteint le poste téléphonique et rend compte. On ne veut pas la croire. En effet, il est 11 h. 30. En une heure et demie, on a fait — en attaquant — plus de quatre kilomètres.

Jamais, dans cette guerre de siège qui dure depuis sept mois, pareil succès n'avait été obtenu ni par les Allemands ni par nous. Un colonel allemand vient d'être fait prisonnier à son poste de commandement. Derrière nos bataillons victorieux, on ramasse dans leurs trous des centaines d'Allemands. Nous avons anéanti ou capturé la valeur d'une brigade.

VERS SOUCHEZ ET CARENCY.

Au nord du bois de Berthonval, la lutte n'est pas moins dure.

Nos régiments sont obligés, après un premier bond qui les rapproche de Carency, de gagner du terrain pied à pied. Il faut, à coups de grenades, enlever morceau par morceau les positions ennemies. On y réussit et, vers le soir, le village est débordé à l'est par notre progression ininterrompue.

Cette progression se continue vers Souchez et notre ligne, d'un mouvement régulier, se rapproche de la route de Carency-Souchez. A cheval sur la route Arras-Béthune, elle s'infléchit légèrement au sud, à hauteur de Souchez, se reliant aux positions nouvelles des troupes parties du bois de Berthonval.

Comme les autres point du secteur, nous ramassons des prisonniers — plus de 500 — et un nombreux matériel, plusieurs canons-revolvers et une trentaine de mitrailleuses.

Vers le soir, le spectacle qu'offrent les faces sud et est de Carency est le plus singulier qui puisse se concevoir. De toute part, les maisons en ruines de l'est du village que les Allemands tiennent encore — et que nous enlèverons le lundi et le mardi — sont serrées de près par nos tranchées.

Les boyaux creusés par les Allemands le long de la route de Souchez leur sont désormais interdits. Il faut qu'ils fassent le tour par Ablain, débordé dès ce moment par nos attaques du Nord.

Telle fut, dans le secteur Carency-Neuville, la journée du dimanche 9 mai. On ne peut encore donner le détail des actes d'héroïsme qui l'ont marquée, mais les résultats acquis sont là pour en témoigner.

Dans le *Petit Marseillais* ou le *Radical* :

LETTRE D'UN TUNISIEN

QUI A PRIS PART AUX COMBATS LIVRÉS PRÈS D'ARRAS.

Notre admirable division s'est battue depuis dimanche... jusqu'à jeudi soir. Ce qu'elle a fait aucun journal ne pourra vous le dire, aucun écrivain ne pourra trouver les mots qu'il faudrait pour glorifier son héroïsme. Sachez qu'on lui avait assigné un point (la cote...) qu'elle devait atteindre au plus tôt le soir à la tombée de la nuit, qu'elle est sortie des tranchées à neuf heures du matin et qu'elle était au dit point deux heures et demie après.

Jamais nous n'oublierons cette journée. La canonnade avait commencé la veille au soir vers onze heures ; mais de sept heures du matin à midi, ce fut magnifiquement beau. Un véritable déluge de feu, de fer. Tout tremblait. Nous leur avons envoyé 60 000 obus. Tout y était, les 75, 90, 105, 155, et 270.

Nous étions avec le général à la ferme de... et nos obus passaient au-dessus de nos têtes.

Les Allemands surpris, abasourdis ne répondaient même pas. A neuf heures (une heure avant l'heure prévue), tirailleurs et légionnaires sortaient de leurs tranchées et au pas de charge enlevaient trois lignes de tranchées et ensuite les fameux Ouvrages blancs, la plus formidable organisation de défense que les Allemands avaient sur le front. De leur aveu même, ils ne pensaient jamais être délogés de là et comptaient que la guerre se terminerait et que la paix serait signée eux y étant encore.

C'était une véritable forteresse, enterrée, bétonnée, défendue par une ligne formidable de trois rangées de mitrailleuses superposées, l'une à hauteur des jambes, l'autre à hauteur du corps, la troisième à hauteur des têtes. Lorsque ces mitrailleuses crachaient la mitraille à tir fauchant, c'était un rideau de fer infranchissable. Nos obus en ont eu raison et nos fantassins ont trouvé ces ouvrages démolis, ravagés, bouleversés, jonchés de cadavres, empilés les uns sur les autres.

Dans le cimetière de Neuville-Saint-Vaast, ils avaient imaginé de sortir les cercueils des caveaux et d'y enterrer leurs pièces ; nous les en avons délogés.

Ce fut une journée inoubliable ; de l'avis des officiers et de tous, le plus formidable engagement de toute la guerre.

Des prisonniers, nous en avons fait quatre mille ; nous n'avons pas pu en faire plus, le reste était mort... un véritable carnage.

A partir de onze heures nous apercevions les rares survivants se traînant vers nous, les yeux fous, littéralement hors d'eux, implorant notre pitié. Plus tard les officiers prisonniers, parmi lesquels un colonel que mon camarade D... a conduit lui-même au grand quartier, ont avoué que rien n'aurait pu résister à notre feu d'artillerie.

Le succès de notre division fut complet. Le lendemain notre Joffre venait, embrassait notre général et après lui avoir dit : « Vous devez être fier de commander à de tels soldats », il citait le corps d'armée avec une mention spéciale à notre division.

*
* *

Dans l'*Echo de Paris*, Maurice Barrès publie un article intitulé : « *On demande des noms.* »

En voici un extrait :

On nous raconte des faits de guerre, et nous posons cette simple question : Par qui ont-ils été accomplis ?

Il ne s'agit pas de faits que l'on désire cacher. On nous les raconte, on nous les décrit. Pourquoi tout d'un coup s'arrêter quand nous demandons à graver dans notre mémoire le nom d'un héros ?

Dimanche dernier, deux régiments sont sortis à dix heures du matin des tranchées de Berthonval. L'artillerie leur avait ouvert la route en coupant les fils de fer, mais beaucoup d'abris demeuraient intacts et leurs mitrailleuses tiraient. Nos hommes ne s'arrêtent pas. Au passage, à la baïonnette, ils enfoncent ceux des ennemis qui leur barrent la route, ou bien encore ils murent dans les abris dont elles tentent de sortir des sections entières d'Allemands. Et les voilà qui escaladent les pentes...

Chacun voudrait savoir quels sont ces deux régiments...

L'assaut continue. En tête courent les officiers. Ils tombent nombreux. Sur quatre chefs de bataillon (1), il n'y en a plus qu'un debout. L'un des colonels (2) est grièvement blessé. Le général (3) de brigade qui s'est porté en avant, au milieu de ses troupes, a la poitrine traversée d'une balle. Mais la position est prise et sa crête occupée. En vérité je ne vois pas de raison pour que ce beau récit, quasi officiel, demeure inachevé et pour qu'on nous taise le nom de ces hommes-drapeau. Ils furent à la peine, c'est bien juste qu'ils soient à l'honneur.

Un homme communique l'article aux capitaines d'Allens et de Sampigny :

— J'ai répondu à Barrès, mon capitaine.

(1) *Commandant Muller, Gaubert, Noiret du 1er Étranger, tués.*

(2) *Colonel Cott, du 1er Étranger.*

(3) *Général Peïn, tué.*

— Et dans votre lettre?... — demande le capitaine d'Allens.

— Je donne le nom du régiment : 2ᵉ de marche du 1ᵉʳ Étranger. Voici ma lettre.

La lecture achevée.

— Vous pouvez l'envoyer. C'est bien.

M. Barrès l'a-t-il reçue?...

En tout cas le présent ouvrage peut servir de réponse à son article : « *On demande des noms.* »

CHAPITRE IV

Mingoval. — Le berger arabe. — Les Italiens. — Les
Grecs. — L'attaque du 16 juin. — La mort du berger.
— Récit officiel. — La fin du bataillon D. — Mort du
capitaine Junot. — X. de Carvalho. — Conclusion.

A Mingoval, on manque d'entrain. Les compagnies, les bataillons sont mélangés. Peu de visages familiers. Le bataillon D n'existe plus qu'administrativement. Tactiquement, c'est le bataillon A D. Les hommes du bataillon D ont la chance de conserver, comme chefs, leurs officiers survivants...

Le bataillon part pour un cantonnement de l'avant, à Camblin-l'Abbé. Là, Gourfinkel épuisé est évacué. Après un long séjour dans les hôpitaux, il passe dans l'armée française, comme médecin auxiliaire, grade auquel lui donnent droit ses inscriptions.

A Camblin, les renforts arrivent : 1100 Grecs. Ils se sont engagés, disent-ils, pour combattre le Turc et sont fort mécontents d'avoir été envoyés en Artois. Ils vont aux tranchées en protestant, et demandent à partir pour les Dardanelles.

Le service est dur. Les bataillons vont au travail, après la soupe du soir, à 5 heures 1/2. Huit kilomètres de boyaux conduisent au terrain de la prochaine attaque. On y parvient vers minuit, souvent même plus tard, car on se perd dans un dédale de tranchées. A l'aube, on regagne le cantonnement. Et, le lendemain, on recommence. On creuse des boyaux. C'est à droite du plateau de Notre-Dame de Lorette nouvellement conquis. A la lueur des fusées, on voit les éperons de la hauteur s'allonger comme les pattes d'un monstre, sur la plaine. Des clartés rouges tremblent à l'horizon. Elles sortent, semble-t-il, de la bouche d'un four incandescent, brusquement ouvert et refermé. Dans l'ombre par instants lumineuse, se précisent des silhouettes de ruines : Berthonval, Carency, Ablain-Saint-Nazaire, Souchez ; des meules de paille ; des réseaux de fil de fer ; des masses d'arbres...

Après dix jours de travail, repos à Schelers. Il y a là, autour d'un château, un parc de grande allure. Les hommes ont le droit de s'y promener, et d'y dormir. Dans une clairière, les Grecs, deminus, lancent le javelot et le disque. Ils organisent des courses, mais veulent, plus que jamais, aller aux Dardanelles combattre le Turc.

Le long de la route d'Aubigny, un bataillon de Marocains fait halte. Derrière les tirailleurs, un troupeau de moutons conduit par un Arabe. Grant le reconnaît. C'est le berger avec lequel il a eu de longues conversations, en Champagne, à l'ouvrage des *Marquises*, près de la pompe intacte de la *Ferme bleue*.

— Eh bien, Croïa, tu es content ?

— Oui, camarade, beaucoup content... beaucoup moutons... mais beaucoup tirailleurs morts... les Boches salauds !... oh oui, camarade !

— Tu veux une cigarette de Tunis ?

— Oh, oui, caporal... Marci beaucoup... marci, camarade !

Une automobile épouvante ses moutons. Il les rassemble. Le bataillon repart :

— Au revoir, tirailleur !

— Au revoir, mon camarade !

Il s'éloigne, au milieu de ses bêtes, le fusil à plat sur le sac, un bâton à la main.

Devant la terrasse d'un restaurant, un adjudant engueule magnifiquement un homme. Le gradé n'a rien de spécial. L'homme est d'aspect bizarre : petit, trapu, tout rose, il écoute les observations de son chef, la tête inclinée sur l'épaule, les doigts joints et les yeux au ciel. Le discours de l'adjudant terminé, le légionnaire soupire, puis :

— Comment pouvez-vous traiter ainsi un homme qui a encore le pouvoir de faire descendre Dieu dans l'hostie ? — dit-il. — Je suis revêtu du caractère divin... et je suis aussi une victime de l'amour !

Grant l'invite à vider un verre, et lui demande son histoire. C'est un ancien prêtre. Il a séduit, à 25 ans, une de ses pénitentes. Peu après elle l'abandonnait, et il s'engageait à la Légion.

— Vingt ans de service !

Et sortant de sa poche ses médailles coloniales :

— Voilà ma ferblanterie !

Jusqu'à l'appel, il conte des anecdotes qu'il agrémente de citations latines. Dans sa musette, un Marc-Aurèle :

— Tout est là, — fit-il ; — c'est ma seule lecture.

Sur ces entrefaites, l'Italie entre dans la danse.

Il est dit au rapport que le régiment doit attaquer bientôt ; que les Italiens restant dans les compagnies sont libres de ne pas prendre part à l'attaque, et de rentrer chez eux pour remplir leurs obligations militaires.

— Que ceux qui veulent partir sortent des rangs.

Personne ne bouge.

— Après l'attaque, mon capitaine.

Il y a un silence. Puis un ordre :

— Rompez !

Les mains se portent aux képis, pour le salut obligatoire. Et chacun retourne à ses affaires.

Depuis qu'ils savent qu'ils doivent attaquer, les Grecs sont moins hargneux. Mais après l'offensive, ils exigeront satisfaction. Le commandant

Collet a beau leur démontrer que l'ennemi est au nord d'Arras aussi bien qu'aux Dardanelles, ils refusent de se laisser persuader. Il y a, parmi eux, des montagnards dociles et bien entraînés ; il y a aussi des comitadjis pillards. Ce monde-là n'inspire que peu de sympathie aux Russes, aux Espagnols, aux Suisses, etc...

Enfin, après des jours de travail et de repos, c'est l'attaque. Selon les « tuyaux » des artilleurs, on dispose d'une artillerie plus formidable encore que celle qui avait été rassemblée le 9 mai.

Le but de l'attaque : la cote 119 ; la cote 140 ; les bois de la Folie. Ce sont là les bruits qui circulent.

— La cote 140 ! On y était, le 9 mai !

— Bah ! s'il faut la reprendre, on la reprendra ! Il n'y a pas à discuter.

Et le 15 juin, par un beau crépuscule, les survivants du régiment, renforcés par 1100 Grecs, équipés, armés et approvisionnés comme l'attaque du 9 mai, vont occuper leurs postes de combat. Les Grecs crient :

— Iera ! Iera !

Un kilomètre de route, et on tourne à gauche, par le chemin « *du Pendu.* »

Derrière une éminence, voici les premières batteries de 155 en pleine action. Plus loin, les « *Trente-un abris* » et leurs Rimailhos trapus, en pleine action, eux aussi. Dans la plaine, des hommes assis par terre, et des faisceaux de fusils. A un nœud de routes, les cuisines roulantes, les voitures régimentaires, des tonneaux pleins d'eau fraîche...

Les obus filant entre les vallonnements ont un fracas de train manœuvrant sur des plaques tournantes.

Les compagnies se séparent, disparaissent dans les boyaux : boyau de Souchez, de l'Arbre sec, de Béthune, du Bois.

Et là-bas, vers la ligne indiquée par les fusées, c'est Souchez, le Cabaret rouge, le Labyrinthe... et ces légères ondulations se nomment la cote 119, le bois de la Folie, la cote 140.

A l'aube, le bombardement commence ; mais les batteries allemandes contrebattent furieusement nos batteries.

Les 210 tombent rigoureusement dans nos tranchées.

L'attaque est déclenchée, après une préparation d'artillerie formidable pour l'époque (le communiqué accuse 200.000 obus tirés). Elle n'a pas le brio de celle du 9 mai. La Légion soutient les tirailleurs. On avance lentement par bonds ; les contre-attaques sont fréquentes ; des deux côtés, les pertes sévères.

D'un trou d'obus, des plaintes s'élèvent. Deux

brancardiers s'approchent. Un tirailleur est allongé, du sang aux lèvres : c'est le berger arabe. Il balbutie des phrases incompréhensibles. Comme l'infanterie va sortir, l'artillerie allonge son tir et le terrain est laissé aux fusils et aux mitrailleuses. Un silence ; puis des rumeurs de voix.

— Qu'est-ce qui sait ? — demande le Marocain.

Au bord de l'entonnoir, apparaissent des prisonniers. Alors, le tirailleur se lève, saisit des pierres, les lance aux Allemands, et, dans un cri :

— Salauds ! — Il retombe et meurt.

L'avance coûte cher. Les tirailleurs ont perdu plusieurs commandants et capitaines.

A la Légion, le commandant Collet, commandant le régiment, les capitaines Gabet, Gressac, Lexelard, tombent, grièvement blessés.

Pendant toute la nuit, c'est l'horreur des bombardements d'attaque. La mort par l'artillerie. Les corps écrasés, déchiquetés. L'ombre impénétrable. L'ignorance parfaite de l'endroit où l'on se trouve. Et, parfois, sous les lueurs des fusées, un fragment de la plaine s'avance : c'est une masse d'infanterie ennemie qui entre en action et que déciment les feux soudains des mitrailleuses et les éclatements des grenades. Le sol armé se défend, dirait-on.

A l'aube, le médecin auxiliaire Chazal et son camarade, le Polonais Zabrowski ramènent au combat des fractions isolées, sans chefs, ahuries par les détonations.

Le jour. L'attaque reprend, aussi terrible, mais moins hallucinante. On y voit !

Quand la division marocaine est relevée par les chasseurs, l'objectif est atteint : la cote 119 est prise ; les compagnies sont près des *Vergers de la Folie...*

Au repos, chacun raconte ses exploits, ceux des camarades. Que de belles histoires à écrire ! On cite l'aventure du légionnaire Aremberi qui, — comme l'a prouvé sa citation, — « le 16 juin 1915, isolé de sa compagnie, s'est avancé avec son sergent et quelques hommes de son escouade jusqu'aux positions de première ligne. A fait preuve de ténacité et de courage, en soutenant pendant quarante-huit heures un combat violent à coups de bombes contre les Allemands occupant une tranchée à trente pas de lui. Blessé sérieusement, a continué néanmoins à lancer des bombes et ne s'est arrêté qu'après épuisement. »

Plus tard, un quotidien de Rouen publiait l'article suivant :

LA GRANDE BATAILLE D'ARRAS

IMPRESSION DE CEUX QUI, HIER, REVENAIENT DU FEU.

Un certain nombre de blessés dans la lutte acharnée qui se poursuit au nord d'Arras ont été évacués sur Paris. Nous avons pu en voir plusieurs. Tous, quelle que soit leur atteinte, ont un moral merveilleux, qu'ils affirment être celui de tous leurs camarades demeurés au feu. Malgré les fatigues, les dangers et la longueur inouïe d'une bataille à peu près ininterrompue depuis près de cinq semaines, nos hommes, vieux ou jeunes, soldats, officiers et généraux — deux de ces derniers n'ont-ils pas été tués à la tranchée ? — se battent magnifiquement, assurés qu'ils sont de la victoire, si disputée qu'elle puisse être.

Leur sentiment se résume en celui d'un brave que nous avons vu hier soir et qui souffre de contusions profondes, infligées par l'éclatement d'une marmite qui l'a enseveli et étourdi pendant plusieurs minutes. Il a 48 ans ; adjudant retraité avant la guerre, médaillé militaire, il a ajouté à ses titres anciens, depuis les premiers jours d'août où il s'est engagé, la Légion d'honneur, la Croix de guerre et les galons de lieutenant.

— « L'amalgame, nous dit-il, qui s'est fait dans nos régiments entre les hommes de plus de 30 ans et ceux des plus jeunes classes est admirable, les vieux, plus expérimentés et plus rassis, calmant l'ardeur trop généreuse de leurs cadets. Cela forme un mélange « épatant » qui jamais ne se dissocie ni se rebute, même dans les moments les plus durs, et Dieu sait s'il y en a eu depuis le 9 mai, où nous nous battons sans désemparer !...

« *Tenez, voilà ce dont j'ai été le témoin et le chef : le 18 mai, nous étions en avant de Carency, dans le bois dont les Allemands occupaient encore la corne nord. Il fallait les en expulser, notre position étant prise d'enfilade par les mitrailleuses. Une attaque de nuit fut résolue, et je commandai la compagnie. Les hommes étaient pleins de fougue, malgré les fatigues de la plus rude canonnade dans la journée. A 2 heures du matin, sans aucune préparation d'artillerie, le signal est donné. Silencieux, sans un bruit, tranquilles comme à la manœuvre, mes poilus et mes Marie-Louise rampent vers l'ennemi...*

« *Tout à coup, des fusées allemandes sillonnent la nuit, fusées éclairantes qui nous montrent aux observateurs ennemis. Aussitôt mitrailleuses et 77 de cracher et de rugir. En un clin d'œil, 91 des nôtres sur 171 sont frappés, la plupart légèrement, sauf, hélas ! mes trois camarades, un lieutenant et deux sous-lieutenants qui étaient en avant et qui, blessés grièvement, gisant sur la voie du petit chemin de fer de Carency à Souchez furent achevés à terre par les brigands boches après notre retraite... Car il fallut bien nous replier... — Croyez-vous que le moral de mes braves a été atteint après cette rude échauffourée ? La nuit suivante, nous prenons notre revanche et la position.*

« *Pendant ces trois semaines, au cours desquelles chaque journée a été marquée par des combats incessants où pied à pied, côte par côte, nous chassons l'ennemi de ses forteresses souterraines, j'ai vu des choses superbes :*

« *Par exemple, l'expédition du 17 juin par nos aviateurs sur le bois de la Folie, où les Allemands ont ac-*

cumulé tant de fortifications et de matériels. Nos aéros survolant dans le ciel bleu étaient littéralement entourés par les petits nuages blancs des obus boches : que de balles dans leurs ailes ! Mais aucun n'est tombé et leur bombardement a été d'une efficacité certaine, à en juger par les explosions entendues dans le bois. Ce fut un spectacle merveilleux auquel toute l'armée assistait haletante...

« Et les exploits de la brigade marocaine, mercredi dernier après avoir enlevé la cote la plus élevée entre Givenchy et le bois de la Folie, ce qui est une avance d'une importance capitale ! Après s'en être emparé au prix d'un effort prodigieux, les nôtres furent contre-attaqués par une masse de six bataillons boches s'avançant à rangs serrés et appuyés par une artillerie formidable. J'ai vu les choses comme je vous vois, mon régiment étant en réserve immédiate après les Africains... D'abord, nos 75 firent des ravages énormes dans la masse allemande. Mais quel abatage quand la charge des zouaves, des légionnaires et des tirailleurs se déchaîna. Ce fut une vraie marmelade de Boches... Tous furent tués, sauf 600 qui, affolés, se rendirent...

« J'espère, ajoute notre narrateur, que je serai bientôt de retour me battre de nouveau avec ces braves ! »

Après l'attaque du 16 juin, les Grecs obtinrent satisfaction et furent renvoyés au Dépôt.

Le 24, les 300 hommes composant le régiment remontent aux tranchées pour repousser une contre-attaque allemande. Dans cette journée, les lieutenants Clermont et Lestrade sont tués, le lieutenant Ceccaldi blessé.

Derrière un parapet de cadavres, la section de l'adjudant Tixier repousse les assauts d'un bataillon allemand et conserve le terrain.

Ensuite, c'est le départ pour l'Alsace. Les Russes obtiennent l'autorisation soit de retourner en Russie, soit de continuer leur service dans des régiments réguliers. Mitelman passe au X,.. d'infanterie d'abord, puis il est envoyé comme interprète au camp de Mailly, lors du débarquement des contingents russes en France.

Les régiments de marche du 1er et du 2e Etranger sont réunis en un seul régiment qui attaque en Champagne, le 25 septembre 1915, au Bois Sabot et à la ferme de Navarin. Dans cette affaire, les derniers capitaines de l'ancien bataillon sont tués à la tête de leurs Espagnols, de leurs Tchèques, de leurs Polonais, de leurs Suisses.

Le capitaine d'Allens s'avance à l'ennemi, la canne à la main, sa pipe courbe à la bouche — comme toujours. Il tombe.

Non loin de lui, le capitaine Junot (à peine guéri de sa blessure du 9 mai) est devant sa compagnie. Des mitrailleuses se dévoilent et ouvrent le feu. Du flottement. On ne s'y attendait pas.

— A genoux, les hommes !

— Après vous, mon capitaine !

— Couchez-vous, nom de Dieu !

On obéit.

— Quand Junot donne un ordre, le Pape lui-
même n'en mènerait pas large.

Les sections planquées, le capitaine, debout,
inspecte le terrain, à la jumelle.

— Ça n'a pas été long, mon vieux ! Quelques
coups de mitrailleuse... et bonsoir !

Une demi-heure après, ses Légionnaires le ven-
geaient, en prenant l'ouvrage. Et peu de prisonniers.

Le capitaine de Sampigny est grièvement blessé.

Le père Charles est tué.

Précédant ses volontaires, tombe aussi le lieutenant de Montesquiou. Le lieutenant de la Salle
est tué, peu après, le 8 octobre. Leur mort fut
héroïque comme celle du chef de bataillon Burel,
remplaçant le commandant Muller.

Le médecin-chef du régiment tombe aussi...

A la *Ferme de Navarin*, parmi tant de braves,
meurt un jeune homme : le Portugais Raphaël de
Carvalho. Emporté par le mouvement de la charge,
il franchit les deux premières lignes allemandes,
et tombe dans les fils de fer de la troisième, en
avant de ses camarades. C'était le fils de Xa-
vier de Carvalho, le grand écrivain et pamphlé-
taire portugais qui, depuis le début de la guerre,
a consacré son talent et employé son autorité à
travailler pour nous. Dès le premier jour son garçon a quitté sa patrie pour venir prendre place dans
nos rangs, à la Légion. Que les Portugais qui com-

battent sur le front français, lorsque sonneront les clairons de l'attaque, se souviennent de Raphaël de Carvalho. C'est leur premier mort. Il les a devancés. Il leur a montré la route. Qu'ils s'y élancent et le vengent !

La Légion, sans cesse reformée, donne dans la Somme le 4 juillet 1916. Elle s'empare de Belloy-en-Santerre, résiste à toutes les contre-attaques et ramène 750 prisonniers, dont 15 officiers et des mitrailleuses.

Le 17 avril 1917, ses trois bataillons survivants s'emparent d'Auberive, en Champagne *(Voir à l'appendice 3).*

A chacune de ses grandes attaques, elle est honorée par une citation à l'ordre de l'armée — (ordre de la ..ᵉ armée du 3 septembre 1915 ; ordre de la ..ᵉ armée du 30 janvier 1916 ; ordre de la ..ᵉ armée du 27 août 1916).

Mais l'histoire esquissée dans ces pages est celle du bataillon D du 2ᵉ de marche du 1ᵉʳ Etranger, — et principalement celle de la compagnie D².

Cette belle unité cessa d'exister à la mort de son commandant le chef de bataillon Muller, le 9 mai.

Quand le chef d'une famille nombreuse disparaît et que la mère se remarie, les enfants continuent à vivre, mais ce n'est plus comme au temps du véritable maître. Cette comparaison banale est seule capable, — par sa banalité même, — de faire comprendre ce que fut la mort du commandant Muller pour les Volontaires étrangers qu'il avait *formés*, à Avignon, en août 1914, et qu'il n'a pas eu la satisfaction de voir attaquer et vaincre, au cri de :

Vive la France ! et vive la Légion !

APPENDICES

1

La Légion Etrangère.

Aux régiments que nous avons déjà mentionnés comme ayant obtenu le droit à la fourragère, il convient d'ajouter le régiment de marche de la Légion Étrangère dont le drapeau est décoré de la Croix de guerre avec trois palmes pour les citations suivantes :

Ordre de la 10° armée, du 3 septembre 1915 : Chargé le 9 mai, sous les ordres du lieutenant-colonel Cot, d'enlever à la baïonnette une position allemande très fortement retranchée, s'est élancé à l'attaque, officiers en tête, avec un entrain superbe, gagnant d'un seul bond plusieurs kilomètres de terrain, malgré une très vive résistance de l'ennemi et le feu violent de ses mitrailleuses.

Ordre de la 4° armée, du 30 janvier 1916 : Pendant les opérations du 20 septembre au 17 octobre 1915 sous le commandement du lieutenant-colonel Cot, a fait preuve des plus belles qualités de courage, d'entrain et d'endurance. Le 28 septembre, avec un admirable esprit de sacrifice, s'est élancé à l'assaut d'une position qu'il fallait enlever à tout prix et, malgré le feu extrèmement dense des mitrailleuses ennemies, est parvenu jusque dans les tranchées allemandes.

Ordre de la 6ᵉ armée, du 27 août 1916 : Sous l'énergique commandement de son chef, le lieutenant-colonel Cot, le régiment de marche de la Légion Étrangère, chargé, le 4 juillet 1916, d'enlever un village fortement occupé par l'ennemi, s'est élancé à l'attaque avec une vigueur et un entrain remarquables, a conquis le village à la baïonnette, brisant la résistance acharnée des Allemands et s'opposant ensuite énergiquement à toutes les contre-attaques de renforts amenés dans la nuit du 4 au 5 juillet 1916, a fait 750 prisonniers, dont 15 officiers, et pris des mitrailleuses.

Le Matin, 14 septembre 1916.

La Légion Étrangère reçoit la fourragère jaune et verte.

Par circulaire en date du 12 juin 1917 courant, le ministre de la guerre a décidé que les régiments ayant été l'objet de quatre citations à l'ordre de l'armée auraient droit à la fourragère aux couleurs de la Médaille militaire (jaune et vert). La première application de cette décision revient au régiment de marche de la Légion Étrangère. Citée quatre fois à l'ordre, sous l'énergique commandement de son chef le lieutenant-colonel Cot, la Légion vient de remporter une cinquième citation avec le motif suivant :

Merveilleux régiment qu'animent la haine de l'ennemi et l'esprit de sacrifice le plus élevé.

Le 17 avril 1917, sous les ordres du lieutenant-colonel Duriez, s'est lancé à l'attaque contre un ennemi averti et fortement retranché et lui a enlevé ses premières lignes. Arrêté par des mitrailleuses et malgré la disparition de son chef, mortellement touché, a continué l'opération par un combat incessant de jour et de nuit jusqu'à ce que le but assigné fut atteint. Combattant corps à corps pendant cinq jours et malgré de lourdes pertes et des difficultés considérables de ravitaillement, a enlevé à l'ennemi plus de deux kilomètres carrés de terrain, a forcé, par la vigueur de cette pression continue, les Allemands à évacuer un village fortement organisé où s'étaient brisées toutes nos attaques depuis plus de deux ans.

2

Une phalange héroïque.

On vient de reconstituer la Légion Étrangère avec des éléments de l'ancienne Légion et avec les survivants des volontaires de toutes nationalités qui, depuis le début de la guerre, luttent pour la France. N'est-ce point le moment de rappeler le rôle admirable joué à nos côtés, dans ce duel gigantesque, par ces nobles amis de notre pays? Car ils furent légion, légion étrangère, si digne pourtant d'être proclamée française.

L'élan sublime.

Dès les premières nouvelles du conflit, devant la mauvaise foi germanique, puis devant l'agression brutale, les amis de la France tressaillirent d'indignation, brûlèrent de prendre les armes. Dès le 1er août, la veille de la mobilisation, l'on comptait 3.000 enrôlements volontaires.

Depuis ce jour jusqu'au 20 août, date fixée pour recevoir officiellement les engagements, l'élan ne s'arrête plus. Les réunions succèdent aux réunions, les manifestations aux manifestations. Chaque jour, sur les boulevards, défilent des groupes de volontaires — qui ne s'en souvient ? — drapeaux flottants, chantant la *Marseillaise* et criant : « Vive la France ! » Ils ont signé, joyeux, leur enrôlement : Italiens (8.000), électrisés par l'exemple des fils de Ricciotti Garibaldi ; 4.500 Suisses, enfants d'une terre de liberté ; Slaves, Russes (près de 4.000), Polonais, certains de trouver dans nos rangs des âmes fraternelles ; Alsaciens-Lorrains, impatients d'entendre sonner l'heure de la délivrance ; Tchèques, jaloux de secouer le joug abhorré de l'Autriche ; Arméniens et Syriens, que nous défendons depuis des siècles contre la barbarie ottomane ; Canadiens de sang français ; citoyens des Etats-Unis, qui se souviennent de La Fayette ; Anglais, Belges et Serbes, qui veulent se battre tout de suite contre les Huns soudain réveillés d'un trompeur sommeil de civilisation ; Roumains devançant le geste national ; Luxembourgeois, outrés de la violation de leur petite patrie ; Espagnols, décidés à ne pas rester neutres ; Grecs (300), fidèles ceux-là aux traditions de l'Hellade ; tous luttent d'enthousiasme et d'ardeur, tous réclament des armes, veulent partir sans retard, voler aux secours de la France envahie.

Il vient même, par un calcul retors ou par un dégoût sincère d'appartenir à une telle famille, il vient un millier d'Allemands et plus d'un millier d'Austro-Hongrois. Et le 21 août, sur l'esplanade des Invalides, spectacle inouï, inoubliable, éternel honneur du prestige français, 20.000 étrangers défilent devant nos généraux et semblent dire à la France comme les gladiateurs antiques à César : *Ave, Gallia, morituri te salutant.*

RENÉ BARJEAN.

Le *Journal*, 26 septembre 1916.

3

La Légion à Aubérive.

Paris, 29 mai.

Le 19 avril, à 15 heures, parvenait au général commandant la division le renseignement qu'Aubérive et le fameux saillant de la ligne ennemie, contre lequel tant d'attaques antérieures s'étaient brisées, venaient de tomber entre nos mains, c'est au régiment de marche de la Légion Étrangère qu'appartient l'honneur de cette conquête, honneur acquis par quatre journées de combats menés presque uniquement à la grenade et à la baïonnette, avec l'entrain et la ténacité traditionnels dans ce corps d'élite.

Le 17 avril, à 4 h. 45, le premier bataillon qui, d'après le plan d'attaque, devait pénétrer dans la tranchée allemande entre le bois en T et la sapinière, puis faire face à l'Est pour progresser dans le golfe, part à l'assaut, suivi du deuxième bataillon.

L'élan est magnifique; malgré le vent qui souffle en tempête et la pluie qui cingle les visages ; malgré les blocs de boue dont ils sont bottés, les légionnaires franchissent le parapet, et par les brèches pratiquées dans nos fils de fer, atteignent le réseau ennemi. La cisaille achève le travail de démolition effectué par notre artillerie.

La Légion passe, s'engouffre dans la tranchée des Bouleaux, marée jaune à laquelle l'ennemi, qui reconnaît le drap kaki des Africains, ne pourra résister. Les grenades, lancées à bout portant, déblayant le terrain, les corps ploient sous l'étreinte. Dans cette fin de nuit que prolonge la tourmente, on ne se voit guère. Nos braves se reconnaissent à la voix et poursuivent, malgré les mitrailleuses, dans les boyaux et les abris, leur œuvre impitoyable. Les Allemands, ne pouvant se tenir sur leur première ligne, se retirent dans la deuxième. Les légionnaires ne leur laissent aucun répit, les tranchées du Golfe sont enlevées.

A mesure qu'on approche d'Aubérive, la résistance devient plus acharnée, on sent tout le prix qu'attache l'ennemi à la conservation de cette position capitale. Dans les tranchées de Byzance, des Dardanelles, du prince Eitel, les mitrailleuses, les lance-flammes, les grenades opposent à nos troupes des barrages de mort. La Légion passe quand même, à force d'héroïsme.

Dans cet enfer, des hommes de cinquante-et-une nationalités différentes se battent contre l'Allemand. Le plus grand nombre ne lutte pas pour sauvegarder un foyer ou la conservation d'un patrimoine national. Ce ne sont pas non plus des mercenaires qu'attirent de hautes-payes ou l'espoir de riches butins. Ils sont là, vétérans de la vieille Légion Étrangère d'Afrique ou volontaires pour la durée de la guerre, de toutes qualités sociales, des plus humbles comme des plus élevées ; de toutes les cultures, des plus simples comme des plus raffinées, conduits par l'instinct qui les domine, la haine de l'Allemagne et l'amour de la liberté.

La Légion continue sa route... Le 19, au petit jour, le fortin d'Aubérive est entre nos mains ; notre artillerie a fait merveilleuse besogne, rendant à l'ennemi par un tir d'une admirable précision la position intenable ; des armes, des munitions, des équipements, du linge jonchent le sol ; dans un réduit attenant au fortin, un récipient rempli de café chaud est vidé goulument par nos hommes qui, depuis le 16, n'avaient eu pour toute boisson que l'eau dont on ne les ravitaillait qu'avec une extrême difficulté ; tandis qu'une section sous les ordres d'un sous-officier occupe le fortin, le lieutenant commandant la 10ᵉ compagnie part avec deux grenadiers pour explorer le village d'Aubérive.

L'ennemi, craignant d'être cerné, avait évacué le formidable réduit qu'était devenu le village, avec ses tranchées, ses coupoles, ses plates-formes, ses abris pour mitrailleuses, le tout en ciment armé ; il avait résolu de porter ses efforts sur la défense du fortin Sud de Vaudesincourt qui commandait le saillant dont la Légion devait opérer l'encerclement.

Notre progression ne peut se faire qu'à la grenade et au fusil-mitrailleur. Successivement, les ouvrages de Posnanie et de Bayreuth, le labyrinthe, sont enlevés, malgré la résistance désespérée des grenadiers allemands, qui ont recours à la ruse. Sans arme et le bonnet à la place du casque, ils s'avancent, les bras levés vers nos légionnaires, comme pour se rendre ; mais, arrivés sur eux, ils baissent les bras et les grenades qu'ils tiennent cachées dans leurs mains, lancées à bout portant, font un instant reculer nos braves.

Le désarroi n'est que de courte durée, la rage au cœur, les légionnaires sautent à la gorge de leurs adversaires ; le corps à corps est impitoyable, il n'est pas fait un prisonnier.

Dès lors, la défense du fortin ne pouvait longtemps tenir ; le nettoyage du grand boyau nous permet d'en hâter la chute.

Tous les objectifs étaient atteints en quatre jours de combats incessants. Malgré la fatigue, le manque d'eau, les difficultés énormes du ravitaillement, le régiment de la Légion avait, à la grenade, gagné plus de 7 kilomètres de boyaux. Ses trois bataillons avaient eu raison de deux régiments saxons.

Petit Marseillais, 30 mai 1917.

4

M. Emile Roux-Parassac est chargé d'écrire l'histoire officielle des Volontaires Étrangers.

D'après une de ses conférences, des individus appartenant à *cinquante-deux* nationalités différentes composaient les régiments de marche du 1er et du 2e Étranger, en août 1914.

TABLE DES MATIÈRES

Dédicace 7

PREMIÈRE PARTIE.

A L'ENTRAINEMENT, EN AVIGNON

CHAPITRE PREMIER. — Préface. — Histoire d'un engagement. — Vivre avec les Dieux. — La mobilisation à Marseille. — Les Italiens. — Un gendarme. — Wessman et Poiret, légionnaires 9

CHAPITRE II. — Les Volontaires. — Première journée à la caserne. — Le caporal Saigne. — Quelques types. — Le sergent Lucca. — La soupe. — Le moine du Liban. — Un intellectuel. — Les cadres. — Le père Charles. — Un philosophe. 25

CHAPITRE III. — Considérations. — La victoire de la Marne. — Un officier de dépôt. — La prison. — Le frangin. — Un malentendu. — Présentation. — La légion garibaldienne. — Le bataillon D. 41

CHAPITRE IV. — Une conférence du père Charles. — Les sergents de Légion. — Territoriaux et Légionnaires. — L'Infirmerie. — Mitelman,

Gourfinkel, Lindskoc. — Deux Grecs. — Les
majors. — Le major et Ignace   57

CHAPITRE V. — Le Commandant. — L'esprit de
corps. — Les Compagnies et leurs Capitaines.
— Russes et Provençales.   72

CHAPITRE VI. — Marches de nuit. — Discussions.
— Le Concert interdit. — Les réfugiés. —
Champagne d'honneur.   81

DEUXIÈME PARTIE

AUX TRANCHÉES, EN CHAMPAGNE

CHAPITRE PREMIER. — Cours d'histoire par un
vieux soldat. —Le départ.— La Légion voyage.
— Noisy-le-Sec. — La salade du sergent. —
Epernay. — Les champs de la Marne. — Les
Boches et leur Empereur. — Les délices de
Louvois. — Poker. — Séparation   87

CHAPITRE II. — Vers les tranchées. — Etude comparée de diverses qualités de boue. — Le nègre
Totovaine. — Paysage. — Midowitch et Furlotti. — Les Lapins. — Rencontre au petit jour.
— Bouzy. — M. Demière. — Départ . . . 102

CHAPITRE III. — En première ligne, aux Marquises.
— Lindskoc. — Les chasseurs. — La pompe. —
Les cuisines. — Paysage. — Un tirailleur. —
Pelle, pioche, pluie, boue. — Patrouilles. —
Sans bougies. — Carnaval. — Un article de
Sem. — Au Canal. — Au 118e territorial. —
Le sergent Geimini. 118

CHAPITRE IV. — Au Haricot. — Cadavres et

corbeaux. — Le bois des Zouaves. — Séjour prolongé. — Le caporal Laurençot. — Conseil de guerre. — Le mort avertisseur. — **Aux 500 mètres.** — La salve. — Hallucination **et** cafard. — Retour à Bouzy. — Anecdotes et portraits. 138

CHAPITRE V. — Vie de château. — Le bois de la Mare. — Le capitaine. — Les territoriaux de la ligne de feu. — Les espions. — Le sculpteur Mikaïloff. — La laiterie. 156

CHAPITRE VI. — Dédié aux cuisinières de France. — Un coin de Provence. — Les territoriaux. — A Verzenay. — Les idées de Max Gourfinkel. — La mort du caporal Laurençot. — Przemysl. — Sous la pluie. — Concerts. 167

CHAPITRE VII. — Rabiot. — Le sergent Glorian. — Une lettre de poilu exemplaire, et la discussion qu'elle entraîne. — Léonard le jaloux. — Sur les femmes. — Contre le cafard. — Sensibilité. — On quitte la Champagne. — A Cermiers. — Vers Paris. — Désillusion. — Voyage. 184

TROISIÈME PARTIE.

A L'HONNEUR, EN ARTOIS

CHAPITRE PREMIER. — L'Artois. — Une nuit aux tranchées. — la prière du tirailleur. — L'espion. — Le catalan Taras. — Avant l'attaque. — Kerdochenko. — L'attaque retardée. — **En avant, les enfants !** 207

CHAPITRE II. — Considérations. — L'attaque du 9 mai. — La mort du Commandant. — Cantonnements. 237

CHAPITRE III. — Où sont rapportés les récits officiels de l'attaque. — Un article de Maurice Barrès 258

CHAPITRE IV. — Le berger arabe. — Les Italiens. — Les Grecs. — L'attaque du 16 juin. — La mort du berger. — Récit officiel. — La fin du bataillon D. — La mort du capitaine Junot. — X. de Carvalho. — Conclusions 271

Appendices 286

Vannes. — Imprimerie LAFOLYE Frères.

LIEUTENANT E.-R. (Capitaine Tuffrau)

CARNET D'UN COMBATTANT

Avec 64 dessins à la plume de CARLÈGLE

Un volume in-16. . . . . **3 fr. 50**

QUELQUES APPRÉCIATIONS DE LA PRESSE

L'auteur conte avec une simplicité, une sincérité qui égalent l'art le plus consommé, qui sont de l'art et du meilleur...
PIERRE MILLE (*Le Temps*).

Un livre sincère et réconfortant. un livre qui montre par quoi l'on dure au front et comment on tient, un livre fait pour soutenir tous les courages.
(*Le Journal*).

Parmi les quelques œuvres de guerre marquantes, que le sûr instinct du gros public ne manquera pas de rappeler à la lumière, le livre du capitaine Tuffrau figurera en excellent rang...
MARCEL BERGER (*Revue des Français*).

C'est le seul volume de ce temps, avec LE FEU, qui nous fasse toucher l'âme même, boueuse et tragique, de la guerre aux tranchées...
LOUIS DELLUC (*Agence Républicaine*).

Ce livre est un beau livre, un de ceux dont nous, Français, pouvons être fiers : non seulement pour la qualité de l'artiste nouveau qui s'y révèle, mais à cause de l'âme qui l'inspire. En un temps où les yeux de l'étranger sont fixés sur notre pays, on aime de penser que c'est un Français qui a écrit ces pages, et que l'on saura par elles la hauteur où peuvent atteindre sans jactance certaines âmes de chez nous.
(*La France*).

Les récits du capitaine Tuffrau sont intéressants, bien venus. d'une langue souple et claire et donnent, en résumé, la physionomie des nôtres en présence de l'abominable guerre actuelle...
CHARLES MERKI (*Le Mercure de France*).

Les pages de ce livre apportent une vertu de réconfort utile dans les heures sombres. Le lieutenant E. R... voit les choses en face et décrit franchement le rude effort que nos soldats ont à fournir tous les jours...
C. C... (*Revue Hebdomadaire*).

Ce carnet se distingue des innombrables récits de guerre publiés depuis le début des hostilités... C'est l'expression de l'âme de la race française...
(*New-York-Herald*).

Beauté, noblesse, simplicité émanent de ces trente-deux esquisses. toutes vibrantes d'une émotion contenue, brossées avec un art discret...
(*L'Union française*).

De telles pages, qui traduisent de façon émouvante l'angoisse d'un patriote et la détresse d'un cœur d'artiste, suffisent à faire distinguer ce livre dans l'abondante production d'œuvres du même genre.
JULES VÉRAN (*L'Éclair*, Montpellier).

www.ingramcontent.com/pod-product-compliance
Ingram Content Group UK Ltd.
Pitfield, Milton Keynes, MK11 3LW, UK
UKHW021648170726
13836UKWH00005B/2463